felicidade não é a cura

Dr. Anders Hansen

felicidade não é a cura

Uma perspectiva científica acerca da nossa busca por ser feliz

Tradução de **Paula Diniz**

Copyright © Anders Hansen, 2021
Publicado mediante acordo com Salomonsson Agency.
Copyright da tradução para o inglês © Alex Flemming, 2021

TÍTULO ORIGINAL
The Happiness Cure: Why You're Not Built for Constant Happiness, and How to Find a Way Through

PREPARAÇÃO
Victoria Rebello

REVISÃO
Rodrigo Rosa
Laura Cardoso

DIAGRAMAÇÃO
Victor Gerhardt | CALLIOPE

DESIGN DE CAPA
Two Associates

CIP-BRASIL. CATALOGAÇÃO NA PUBLICAÇÃO
SINDICATO NACIONAL DOS EDITORES DE LIVROS, RJ

H222f

    Hansen, Anders
      Felicidade não é a cura: uma perspectiva científica acerca da nossa busca por ser feliz / Anders Hansen ; tradução Paula Diniz. - 1. ed. - Rio de Janeiro : Intrínseca, 2024.
      208 p.

    Tradução de: The happiness cure
    ISBN 978-85-510-0989-5

    1. Saúde mental. 2. Ansiedade. 3. Depressão. I. Diniz, Paula. II. Título.

24-91405   CDD: 152.46
                  CDU: 159.942:616.89-008.1

Gabriela Faray Ferreira Lopes - Bibliotecária - CRB-7/6643

[2024]
Todos os direitos desta edição reservados à
EDITORA INTRÍNSECA LTDA.
Av. das Américas, 500, bloco 12, sala 303
22640-904 – Barra da Tijuca
Rio de Janeiro – RJ
Tel./Fax: (21) 3206-7400
www.intrinseca.com.br

As informações e os conselhos apresentados neste livro não substituem o acompanhamento do seu médico ou de outros profissionais de saúde. Recomendamos que consulte esses profissionais para tratar de todos os assuntos relacionados a você, à saúde e ao bem-estar de sua família.

Dedicado a

Vanja Hansen
Hans-Åke Hansen (1940-2011)
Björn Hansen

Antes do cérebro, o universo não conhecia dor nem ansiedade.

ROGER W. SPERRY

ESTE LIVRO ANALISA POR QUE, mesmo quando tudo vai bem, muitas pessoas parecem ter dificuldades de cuidar da saúde mental. A obra aborda formas mais leves de depressão e ansiedade, mas não discute o transtorno bipolar ou a esquizofrenia. Há duas razões para isso. Em primeiro lugar, o transtorno bipolar e a esquizofrenia são complexos demais para serem explorados em um único livro de divulgação científica. Em segundo lugar, na sociedade atual os problemas de saúde mental em ascensão tendem a ser formas mais brandas de transtornos mentais. Os casos de esquizofrenia e de formas graves do transtorno bipolar não estão aumentando e, portanto, os argumentos destacados aqui não se aplicam a eles. Neste livro, apresento uma perspectiva biológica da nossa saúde física e mental que, por experiência, sei que muitos acham útil. Se você estiver se sentindo triste, procure ajuda, pois há ajuda disponível. E se você estiver tomando alguma medicação para tratar um transtorno psiquiátrico, sempre consulte seu médico antes de fazer qualquer mudança.

SUMÁRIO

Introdução		13
1.	Somos os sobreviventes!	17
2.	Por que temos sentimentos?	25
3.	Ansiedade e pânico	33
4.	Depressão	59
5.	Solidão	89
6.	Atividade física	121
7.	Será que nos sentimos pior do que nunca?	149
8.	O instinto do destino	163
9.	A armadilha da felicidade	171
	Posfácio	179
	Meus dez principais insights	183
	Bibliografia	185
	Agradecimentos	193
	Índice remissivo	195

Introdução

POR QUE NOS SENTIMOS MAL QUANDO TUDO VAI BEM?

VOCÊ PROVAVELMENTE VAI SE sentir triste de vez em quando. Talvez sofra de ansiedade leve, ou seja ocasionalmente tomado por um pânico total e absoluto. Quem sabe, em algum momento da vida, a realidade tenha parecido tão sombria que você mal conseguiu sair da cama. Pensando bem, isso tudo é um pouco estranho, pois dentro do crânio temos uma maravilha biológica tão avançada que deveria ser capaz de lidar com, bem... *qualquer coisa.*

O seu cérebro, incrivelmente dinâmico e em constante mudança, consiste em 86 bilhões de células com pelo menos *cem trilhões de conexões.* Estas criam redes intrincadas que controlam todos os órgãos do corpo enquanto processam, interpretam e organizam um fluxo infinito de impressões sensoriais. O cérebro pode armazenar uma quantidade de informação equivalente a onze mil bibliotecas repletas de livros — essa é a dimensão do que a nossa memória consegue de fato reter. Ainda assim, dentro de uma fração de segundo, o cérebro pode pinçar as informações mais relevantes — mesmo que tenham sido armazenadas há décadas — e relacioná-las com o que você está passando no momento.

Então, se o seu cérebro é capaz de tudo isso, por que não consegue dar conta de uma tarefa simples como a de nos fazer sentir fantásticos o tempo todo? Por que ele parece insistir em dar uma rasteira nas suas emoções? Esse mistério se torna ainda mais enigmático quando consideramos que vivemos em uma era de abundância sem precedentes, que teria impressionado quase qualquer rei, rainha, imperador ou faraó da história. Hoje, vivemos mais, somos mais saudáveis que nunca e, se em algum momento nos sentirmos um pouco entediados que seja, todo o conhecimento e o entretenimento do planeta estarão sempre a apenas alguns cliques de distância.

Ainda assim, mesmo que vivamos melhor do que nunca, muitas pessoas parecem estar sofrendo. Raro é o dia em que não há uma reportagem alarmante sobre o aumento de casos de problemas de saúde mental. Na Suécia, um em cada oito adultos faz uso de antidepressivos. A Organização Mundial de Saúde estima que 284 milhões de pessoas no mundo têm transtorno de ansiedade, enquanto 280 milhões sofrem de depressão. Teme-se que, em questão de anos, a depressão gere mais mortes do que qualquer outra doença.

Então, por que nos sentimos tão mal mesmo quando tudo vai bem? Essa é uma pergunta que vem me atormentando ao longo da minha carreira. Será que 284 milhões de pessoas têm uma doença no cérebro? Um em cada oito adultos carece de certos neurotransmissores?

Por que nos sentimos tão mal mesmo quando tudo vai bem? Essa é uma pergunta que vem me atormentando ao longo da minha carreira.

Quando percebi que não podemos simplesmente começar do ponto onde estamos, mas também é preciso fazer um balanço de onde estivemos, eu deparei com uma nova maneira de pensar. Uma abordagem que não só proporciona uma compreensão mais profunda de nossa vida emocional, mas também descortina novas maneiras de melhorá-la. Acredito que a razão de nos sentirmos mal mesmo quando tudo vai bem é que esquecemos que somos seres biológicos. É por isso que neste livro analisaremos nossa vida emocional e nosso bem-estar a partir de uma perspectiva neurobiológica, explorando os motivos de o cérebro funcionar dessa maneira. Tendo atendido milhares de pacientes, pude observar em primeira mão como esse conhecimento pode ser valioso. Isso nos dá uma visão mais profunda do que precisamos priorizar para nos sentirmos o melhor possível. Também nos ajuda a aprofundar nosso autoconhecimento, o que, por sua vez, nos torna mais gentis com nós mesmos.

Em primeiro lugar, abordaremos o que acontece no cérebro quando passamos por problemas comuns de saúde mental — depressão e ansiedade — e por que isso às vezes pode ser um sinal de saúde e não de doença. Em seguida, focaremos nossa atenção no que podemos fazer para lidar com essas questões. Então, vamos questionar se de fato nos sentimos pior do que antes, e como uma visão biológica de nossa vida emocional pode mudar isso. Por fim, tentaremos identificar o que nos faz felizes.

Mas vamos começar do início — literalmente.

CAPÍTULO 1

SOMOS OS SOBREVIVENTES!

Extinção é a regra. Sobrevivência é a exceção.
CARL SAGAN

VAMOS VOLTAR NO TEMPO uns 250 mil anos e nos transportar para a África Oriental. Conheceremos uma mulher, a quem chamaremos de Eva. Eva se parece com você e comigo e vive com uma centena de outras pessoas que passam os dias coletando alimentos — plantas comestíveis — e caçando animais selvagens. Eva teve sete filhos, mas quatro deles morreram: um faleceu durante o parto; uma, em decorrência de uma infecção grave; outra, após uma queda, e um filho adolescente foi morto durante um conflito. No entanto, três dos filhos de Eva atingiram a idade adulta e têm, no total, oito filhos. Destes, quatro chegarão à idade adulta e, por sua vez, terão os próprios filhos.

Repita isso em mais de dez mil gerações e você encontrará os bisnetos, trinetos e tataranetos de Eva. E quem são eles? Bem, você e eu. Somos os descendentes dos poucos que não morreram no parto, que conseguiram ter suas infecções curadas e que evitaram ter hemorragias, sucumbir à fome, ser assassinados ou vitimados por algum predador. Você e eu somos os últimos elos de uma cadeia ininterrupta de pessoas que ficaram de pé após a fumaça dos campos de batalha, as doenças infecciosas e a fome desastrosa.

Se pensarmos nisso, é óbvio que nenhum de nossos antepassados poderia ter morrido antes de trazer uma criança a este mundo. Mas as consequências disso são muito menos óbvias. Os descendentes de Eva que reagiam de forma intensa aos perigos e eram particularmente cautelosos em relação ao farfalhar dos arbustos — que poderia muito bem ser um leão — tinham mais chances de sobrevivência. E como você e eu somos descendentes desses sobreviventes, nosso alerta para o perigo também é elevado. Da mesma forma, aqueles dentre nossos ancestrais com a imunidade mais alta tinham uma chance maior de sobreviver a doenças infecciosas, e é por isso que a maioria de nós tem excelentes sistemas imunológicos — mesmo que, em algumas estações do ano, isso não fique muito evidente.

Outra consequência está relacionada aos nossos traços psicológicos. Os descendentes de Eva que dispunham de qualidades mentais que os ajudavam a sobreviver tiveram mais chances e, como resultado, você e eu ainda temos essas mesmas qualidades.

O fato de uma cadeia ininterrupta de sobreviventes nos preceder, e de que nenhum dos nossos antepassados foi morto por um leão, tropeçou na beira de um penhasco ou morreu de fome antes de conseguir procriar deveria nos tornar sobre-humanos. Deveríamos ser tão espertos quanto a vencedora do Prêmio Nobel Marie Curie, tão sábios quanto o líder espiritual Mahatma Gandhi e tão legais quanto Jack Bauer na série de TV *24 horas*. Mas será que somos mesmo isso tudo?

OS MAIS FORTES

A expressão "os mais fortes sobrevivem" remete a alguém que está em excelentes condições físicas e mentais. Mas, quando se fala de evolução humana, essa "força" não tem tanta relação com a boa forma mental ou física, mas sim com nossa *aptidão para o ambiente em que vivemos.* É por isso que não podemos identificar as qualidades que ajudaram nossos ancestrais a sobreviver e a se reproduzir sob a ótica do mundo em que vivemos agora. Em vez disso, devemos enxergá-las no contexto do mundo que habitamos por quase toda a história da humanidade.

Tipo de sociedade	Caça e coleta	Agrária	Industrial	Informação
Período	250.000-10.000 AEC	10.000 AEC-1800 EC	1800-1990	1990-
Expectativa de vida ao nascimento	Aprox. 33 anos	Aprox. 33 anos	35 anos (1800) 77 anos (1990)	82 anos (Europa, 2020)
Principais causas de morte	Infecções, fome, assassinato, hemorragia, parto	Infecções, fome, assassinato, hemorragia, parto	Infecções, parto, polui-ção, doença cardiovascular, câncer	Doença cardiovascular, câncer, acidente vascular cerebral
Porcentagem da nossa história	96%	3,9%	0,08%	0,02%

Nosso corpo é estruturado para a sobrevivência e a reprodução, não para a saúde. Nosso cérebro é estruturado para a sobrevivência e a reprodução, não para o bem-estar.

O fato de os filhos de Eva terem sido fortes, saudáveis, felizes, gentis, bem adaptados ou inteligentes não carregava nenhum valor intrínseco. Pela lógica rudimentar da evolução, apenas duas coisas importavam: a sobrevivência e a reprodução. Essa única percepção pôde transformar completamente a maneira como vejo a humanidade. Nosso corpo é estruturado para a sobrevivência e a reprodução, não para a saúde. Nosso cérebro é estruturado para a sobrevivência e a reprodução, não para o bem-estar. A maneira como nos sentimos, o tipo de pessoa que somos e se temos amigos, alimentos, um teto para morar ou quaisquer outros recursos — nada disso importa se estivermos mortos. A maior prioridade do cérebro é a sobrevivência. Então a questão é: *de que* o cérebro teve que nos proteger? A tabela dá uma ideia das principais causas de morte para nós, humanos, ao longo da história, e os destinos dos quais nossos ancestrais tiveram, portanto, que escapar.

Agora, você pode muito bem estar pensando: *o que isso tudo tem a ver comigo? Não sou um caçador-coletor.* Claro que não, mas seu corpo e seu cérebro ainda pensam que você é. A evolução é tão lenta que leva dezenas, se não centenas de milhares de anos para que grandes mudanças fiquem aparentes em uma espécie. Isso também serve para os seres humanos. O estilo de vida com o qual você e eu estamos acostumados é apenas mais um ao longo da história, e se materializou durante um período de tempo curto demais para que nosso corpo pudesse se adaptar a ele.

Portanto, embora o campo "ocupação" no seu perfil das redes sociais possa revelar que você é professor, assistente de enfermagem, desenvolvedor de sistemas, vendedor, encanador, taxista, jornalista, chef ou médico, em termos puramente biológicos, ele deveria dizer que você é um caçador-coletor, pois corpo e cérebro não mudaram substancialmente nos últimos dez ou até vinte mil anos. A única coisa realmente importante que podemos aprender sobre nossa espécie é como de fato mudamos pouco. Toda a nossa história escrita, que remonta a pelo menos cinco mil anos — e provavelmente mais do que o dobro disso —, é composta de pessoas como você e eu, que são de fato caçadores-coletores. Então, para que tipo de vida *realmente* evoluímos a fim de sobreviver?

250 MIL ANOS EM DOIS MINUTOS

É fácil romantizar o modo de vida do caçador-coletor como se fossem *As aventuras de Huckleberry Finn*, com expedições de caça, pequenas comunidades bem próximas e um mundo intocado. Mas, na verdade, há muitos indícios de que a vida de nossos ancestrais foi, em diversos aspectos, um inferno completo. A expectativa média de vida era de cerca de trinta anos, o que não quer dizer que todos caíam mortos aos trinta, mas que muitos morriam jovens. Cerca de metade morreu antes de chegar à adolescência — em geral, durante o parto ou em decorrência de uma infecção. Aqueles que chegavam à idade adulta viviam com a ameaça iminente da fome, da hemorragia, da desidratação, de ataques de animais, de infecções ainda mais graves, acidentes e assassinatos. Apenas uma fração teria chegado à idade de aposentadoria de hoje — e, sim, alguns caçadores-coletores viviam até setenta ou mesmo oitenta anos. Portanto, a velhice em si não é novidade alguma, mas sim o fato de *tantas pessoas* agora atingirem a terceira idade.

Há cerca de dez mil anos, provavelmente, ocorreu a mudança mais significativa no modo de vida de nossos ancestrais: acabamos nos tornando agricultores. Mas lanças e arcos não foram substituídos por arados da noite para o dia; essa transição gradual do estilo de vida nômade para o agrícola ocorreu ao longo dos séculos. As condições de vida dos agricultores podem ser resumidas de forma muito simples: um inferno ainda maior. A expectativa média de vida de cerca de trinta anos e a ameaça sempre presente de morte permaneceram inalteradas, embora talvez houvesse um menor risco de fome. Em vez disso, o assassinato tornou-se uma causa de morte cada vez mais comum, presumivelmente porque melhores meios de armazenamento de alimentos e recursos de colheita eram um chamariz para a disputa. As hierarquias passaram a ser mais pronunciadas e, além disso, uma série de doenças contagiosas entrou em cena (retornaremos a esse assunto mais adiante). As tarefas ficaram mais monótonas, e as horas de trabalho, mais longas. A dieta passou a ser menos variada e provavelmente continha cereais para o café da manhã, o almoço e o jantar.

Historiadores e pensadores renomados consideram a transição para uma sociedade agrária o maior erro da humanidade. Então por que fizemos essa mudança se muita coisa piorou? É provável que a principal razão seja que a agricultura tem a capacidade de produzir muito mais calorias do que a caça em uma mesma região. E quando há bocas para alimentar, não há o luxo de reclamar de uma dieta pouco variada, de um trabalho maçante ou porque alguém tirou algo que você conseguiu coletar com sacrifício.

Mais calorias significavam que mais pessoas podiam comer até ficarem satisfeitas. E quando já não era preciso que todos passassem o dia inteiro em busca de alimentos, foi possível que começássemos a nos especializar. O desenvolvimento tecnológico decolou, e nossas sociedades se tornaram cada vez mais complexas. Tudo isso acarretou uma explosão do crescimento populacional. Dez mil anos atrás, antes da mudança para a agricultura, havia cinco milhões de pessoas no planeta. Em 1850, antes da Revolução Industrial, esse número era de 1,2 bilhão: um aumento de 24.000% em 400 gerações!

Mas voltemos a Eva, com quem abri este capítulo, e digamos a ela que, no futuro, quase todas as ameaças que ela conhece serão erradicadas. Seus bisnetos, trinetos, tataranetos e assim por diante viverão em um mundo no qual doenças infecciosas fatais não serão tão comuns e quase ninguém precisará perder o sono em decorrência do ataque de um animal. Um mundo em que é incomum uma mulher morrer no parto; em que uma variedade de alimentos ricos em teor energético e provenientes de todos os cantos do planeta está disponível basicamente em qualquer lugar, e onde até mesmo o tédio é coisa do passado.

Eva talvez pensasse que é uma piada. Mas, se a convencêssemos de que seus futuros descendentes se gabariam de tudo isso, ela provavelmente ficaria encantada em saber que seu trabalho um dia renderia recompensas tão fantásticas. No entanto, se lhe disséssemos que uma em cada oito pessoas se sentiria tão triste a ponto de precisar de medicação, é provável que o termo "medicação" não fosse o único elemento que ela teria dificuldade de entender. Talvez ela até nos achasse uns ingratos.

Somos ingratos por não valorizar tudo de bom que temos? Eu também me sinto ingrato quando estou um pouco triste sem motivo algum. E perdi a conta do número de pacientes que conheci que têm vergonha de se sentir deprimidos ou ansiosos, embora suas necessidades sejam atendidas. Mas não é tão simples. Como já disse, você e eu somos os filhos dos sobreviventes, e talvez se sentir bem não seja a questão.

Compreendo que parece desesperador ouvir que nossa história evolutiva possa ter nos programado geneticamente para passar por problemas de saúde mental, e que a ansiedade e a angústia foram fundamentais para a nossa sobrevivência. Mas ainda há coisas que podemos fazer para nos sentirmos melhor, e as discutiremos em detalhes mais adiante. Primeiro, precisamos entender por que sentimos prazer, preocupação, indiferença, desconforto, alegria, irritação, apatia e euforia quando poderíamos facilmente andar por aí como robôs. Na verdade, *por que* temos sentimentos?

CAPÍTULO 2

POR QUE TEMOS SENTIMENTOS?

*Não somos máquinas de pensar que sentem,
mas máquinas de sentir que pensam.*
ANTÓNIO DAMÁSIO, NEUROLOGISTA E ESCRITOR

IMAGINE QUE VOCÊ ESTÁ correndo do trabalho para casa. Chove e o céu está um breu, mas não é a chuva típica da estação o que ocupa a sua cabeça. Você tem pelo menos mais duas horas de trabalho esta noite, mas primeiro precisa pegar sua filha na creche. E ainda deve passar no supermercado. E pôr a roupa para lavar. E tem que se arrumar porque os sogros vêm jantar. E enviar currículos. Pensando bem, você não deveria (...)?

Quando você atravessa a rua ao sair do trabalho, sua mente está viajando, completamente longe dali.

De repente, é como se uma força invisível o puxasse para trás assim que um ônibus passa voando bem perto. Você pula e depois fica lá, congelado na beira da calçada, a poucos passos de ter sido atropelado. *Ufa, foi por pouco.* Ninguém ao redor percebeu o que acabou de acontecer, mas, para você, é como se o mundo inteiro tivesse parado. As gotas de chuva se misturam ao seu suor quando, com o batimento cardíaco acelerado, você percebe que escapou da morte por um triz. *Poderia ter sido o fim.* Mas, felizmente, não foi, porque algo passou a controlar você, tirando-o de suas reflexões sobre prazos, arrumação e cozinha. Algo lhe deu o comando para dar um passo para trás.

A sua mão amiga invisível é do tamanho de uma amêndoa e fica no fundo dos lobos temporais. Trata-se da amígdala. Ela influencia tantos processos, e tem tantas conexões com outras partes do cérebro, que foi descrita como a própria "madrinha" do cérebro. Uma das tarefas mais importantes da amígdala é examinar o ambiente em busca de perigo, processando a informação fornecida pelos nossos sentidos. Impressões sensoriais relacionadas a visão, audição, paladar e olfato, na verdade, vão direto para a amígdala, que descobre o que você está vendo, ouvindo, que odor sente e que sabor experimenta antes que a informação tenha sido processada pelo restante do cérebro.

O cérebro está organizado dessa forma porque é preciso alguns décimos de segundo para que a informação visual seja transportada do olho, por meio do nervo óptico, para as diferentes partes do córtex visual nos lobos occipitais. Só então finalmente nos conscientizamos do que vemos. Em situações críticas, esses poucos décimos de segundo podem ser a diferença entre a vida e a morte. Então, se as impressões sensoriais são preocupantes o suficiente, a amígdala pode reagir antes do restante do cérebro — quando um ônibus está vindo em nossa direção, por exemplo. Quando a amígdala aciona o botão de alarme, damos um passo para trás, e os hormônios do estresse são liberados no corpo. A isso se dá o nome de resposta *emocional*, visto que o passo foi, é claro, um movimento (moção). Enquanto isso, a experiência subjetiva de medo que você sente quando percebe que escapou por pouco de ser atropelado é chamada de *sentimento*. Em resumo, a emoção e o movimento vêm primeiro, depois vem o sentimento. Mas vamos dar uma olhada mais de perto no que acontece quando a ativação da amígdala cria uma sensação de terror dentro de nós no momento em que percebemos que escapamos por um triz.

UMA COMBINAÇÃO DE NOSSOS MUNDOS EXTERNO E INTERNO

Quando pensamos em como o cérebro reage ao ambiente, muitas vezes o que nos vem à mente é o mundo físico — como um ônibus vindo em nossa direção. Mas também há outro mundo que é ao menos tão importante quanto, e que o cérebro monitora de perto: nosso mundo interior. Dentro do lobo temporal está uma das partes mais fascinantes do cérebro: a ínsula. Ela atua como uma espécie de posto de coleta de dados, que recebe informações do corpo, como batimento cardíaco, pressão arterial, nível de açúcar no sangue e frequência respiratória. Ela também recebe as informações provenientes de nossos sentidos. Como resultado, a ínsula é onde nossos mundos exterior e interior convergem. E a partir disso temos sentimentos!

Em essência, os sentimentos têm só um propósito: afetar nosso comportamento e, assim, nos ajudar a sobreviver para que possamos procriar.

Os sentimentos não nos dominam meramente em resposta ao que está acontecendo ao nosso redor; eles são *criados* pelo cérebro, que combina o que está acontecendo à nossa volta com o que ocorre *dentro* de nós. Usando esses dados, o cérebro tenta fazer com que nos comportemos de maneira a garantir nossa sobrevivência. Em essência, os sentimentos têm só um propósito: afetar nosso comportamento e, assim, nos ajudar a sobreviver para que possamos procriar.

INTELIGÊNCIA AUTOMATIZADA

A cada segundo, os olhos fornecem pelo menos dez milhões de bits de informação ao cérebro. É como um super cabo óptico espesso que libera impressões visuais constantemente. Uma série de cabos igualmente espessos também fornece impressões da audição, do paladar e do olfato, além de todas as informações provenientes dos demais órgãos do corpo. O cérebro é inundado por informações e, embora sua capacidade de processamento seja eficiente a um nível quase inacreditável, ocorre um gargalo: a atenção. Só podemos nos concentrar em uma coisa de cada vez e ter *um* pensamento amplo em mente por vez. Como consequência, o cérebro realiza quase todo o seu trabalho sem nem sequer percebermos, e nos fornece um resumo na forma de sentimento. Podemos comparar nossa atenção ao CEO de uma grande empresa. Se o CEO pedir a um grupo de funcionários que analise um assunto importante e eles voltarem com quinze pastas cheias de documentos, o CEO dirá: "Não tenho tempo para isso. Resumam em meia página o que vocês acham que devo fazer." Nossos sentimentos são um desses resumos, e eles existem para guiar nosso comportamento.

O SEU CÉREBRO NÃO PARECE COM O MEU

Assim como o rosto e o corpo dos seres humanos diferem uns dos outros, com o cérebro não é diferente. A ínsula é uma das partes que varia mais em tamanho no cérebro das pessoas. Como a ínsula desempenha um papel fundamental ao receber sinais do corpo e transformá-los em sentimentos, pesquisadores acreditam que essa diferença de tamanho significa que experimentamos sinais do corpo em diferentes níveis. Para algumas pessoas, o controle de volume para impressões internas estará ajustado no grau máximo, e elas sentirão desconforto digestivo, uma aceleração dos batimentos cardíacos ou uma dor nas costas particularmente aguda. Para outras, o ajuste estará no grau mínimo, e elas dificilmente notarão esses estímulos. Tais discrepâncias quanto ao grau de reação do nosso corpo podem ser explicadas em parte pela variação do tamanho das ínsulas entre as pessoas.

Há também uma pesquisa fascinante em andamento sobre uma possível ligação entre as diferenças no tamanho e na atividade da ínsula e nossa personalidade. Por exemplo, o neuroticismo — um traço de personalidade que afeta o grau com que reagimos a impressões negativas — parece estar ligado à atividade na ínsula. O fato de as diferenças no tamanho e na atividade da ínsula possivelmente afetarem nossos traços de personalidade e a maneira como reagimos aos sinais do corpo pode nos levar a pensar que existe uma ínsula "normal". Mas isso não existe, assim como não existe um cérebro "normal". Na verdade, em criaturas gregárias como os humanos, os cérebros *precisam* ser diferentes. Ter diferentes traços e sentimentos representados em um rebanho foi provavelmente crucial para nossa sobrevivência.

DA BANANEIRA AO BALCÃO DA COZINHA

Não é apenas quando nos leva a desviar de um ônibus que o cérebro cria sentimentos para guiar nosso comportamento; ele os cria a cada instante em que estamos acordados. Analisemos um exemplo menos dramático. Você acabou de entrar na cozinha. Tem uma banana no balcão, e você considera comê-la ou não. Como o cérebro toma uma decisão tão rotineira? Bem, primeiro ele precisa avaliar o valor energético e nutritivo da banana. Em seguida, tem que reunir informações sobre as reservas de nutrientes no corpo e se há necessidade de abastecê-las — e se é de uma banana que o corpo realmente precisa.

Agora, se tivéssemos que fazer todos esses cálculos de forma consciente a cada vez que fôssemos beliscar algo, desistiríamos rapidinho. Por isso o cérebro faz esse trabalho por você sem que você mesmo perceba. Ele pondera todos os fatores e chega a uma resposta, e é aí que os sentimentos entram em jogo. A resposta nos é fornecida na forma de um sentimento: sentimos fome e então comemos a banana, ou nos sentimos saciados e a deixamos de lado.

Mas se Eva, que conhecemos no início deste livro, fosse confrontada com a decisão de *subir* numa bananeira, ela teria que ponderar uma infinidade de outros fatores: o número de bananas que há na árvore, o tamanho e o grau de maturação de cada uma, se suas reservas de nutrientes estão cheias ou se precisa se alimentar imediatamente, além de sua aptidão física para escalar a árvore. Eva também teria que considerar os riscos, como a altura em que as bananas se encontram, o grau de dificuldade para escalar a árvore e se há predadores na área.

É claro que Eva não lançava mão de caneta e papel (muito menos de uma planilha do Excel) para fazer os cálculos; ela agia exatamente como nós agimos na cozinha. Seu cérebro fazia um cálculo e tomava uma decisão na forma de um sentimento. Se o risco de se machucar fosse pequeno e a árvore estivesse cheia de frutas, ou se a reserva energética estivesse baixa, ela sentiria coragem e decidiria escalar. Mas se os riscos fossem significativos, a recompensa fosse pequena ou a reserva energética estivesse cheia, a resposta viria na forma de um sentimento de medo ou saciedade, e ela nem tocaria nas bananas.

Embora esse cálculo seja essencialmente o mesmo estando na cozinha ou embaixo de uma árvore, há uma diferença crucial: não importa se o cálculo da cozinha estiver errado, porque, mesmo que você decida não comer a banana, poderá voltar para buscá-la mais tarde. Eva, no entanto, não podia se dar esse luxo. Se os cálculos dela fossem malfeitos ou decididos aleatoriamente, sua imprudência poderia matá-la mais cedo ou mais tarde. Por outro lado, se a levassem a nunca se arriscar, a extrema cautela poderia fazê-la morrer de fome. Dentre nossos ancestrais, somente aqueles cujos sentimentos os guiaram na direção certa — e por "certa" quero dizer "que favoreceu a sobrevivência e a reprodução" — conseguiram sobreviver e transmitir seus genes. E assim foi, geração após geração. Milênio após milênio.

Como podemos ver, sentimentos não são fenômenos vagos sem os quais estaríamos em melhor condição. Eles são criados pelo cérebro para guiar nosso comportamento e foram aperfeiçoados ao longo de milhões de anos pela seleção implacável da evolução. Os sentimentos que nos empurraram na direção de comportamentos "errados" — de novo, "errados" do ponto de vista da sobrevivência — não se perpetuaram no nosso pool genético simplesmente porque nenhuma das pessoas que tiveram esses sentimentos resistiu. Do ponto de vista biológico, os sentimentos são bilhões de células cerebrais trocando substâncias bioquímicas que nos empurram em direção a comportamentos que promovem a sobrevivência e a reprodução. Ou, mais poeticamente, os sentimentos são sussurros de milhares de gerações passadas que conseguiram, enfrentando todas as adversidades, evitar a fome, as doenças infecciosas e a morte precoce.

POR QUE NUNCA SOMOS FELIZES PARA SEMPRE

O que acabei de descrever nos ajuda a entender por que não podemos nos sentir bem o tempo todo. Digamos que Eva decidiu subir naquela árvore e conseguiu pegar algumas bananas. Satisfeita, ela se sentou e comeu com gosto. Mas por quanto tempo ela poderia se sentir saciada? Como se sabe, não por muito tempo. Se a satisfação com aquele esforço tivesse durado meses, ela não teria motivação para procurar mais comida e logo morreria de fome.

Isso significa que os sentimentos de bem-estar *devem* ser fugazes, pois, caso contrário, não serviriam ao seu propósito — ou seja, não nos motivariam. A maioria de nós, é claro, vai conhecer esse sentimento muito bem. O pensamento é que, se conseguíssemos esta ou aquela promoção no emprego, um carro novo, um aumento salarial ou um banheiro perfeito, ficaríamos felizes. Mas se uma dessas conquistas, ou todas elas, se tornassem realidade, o sentimento logo seria substituído por um novo anseio, por uma promoção ainda melhor ou por um aumento de salário ainda maior. Como sabemos, o ciclo nunca acaba!

O "bem-estar" tende a aparecer no topo da lista do que achamos que mais importa na vida. Mas essa sensação é apenas uma das muitas que temos em nossa caixa de ferramentas evolutiva. E é ineficaz se não for passageira. Portanto, esperar sempre se sentir bem é tão irreal quanto esperar que a banana no balcão da cozinha vá satisfazê-lo pelo resto de sua vida. Não funcionamos dessa maneira.

No entanto, quando abrimos a tampa e damos uma olhada no nosso cérebro, os sentimentos não são as únicas coisas que funcionam de forma diferente do que imaginamos. Pesquisas nas áreas de psicologia e neurociência revelaram que o cérebro altera a nossa memória, fazendo vista grossa às verdades inconvenientes para nos ajudar a pertencer a um grupo. Muitas vezes nos engana e nos faz pensar que somos melhores, mais competentes e mais extrovertidos do que realmente somos — e também nos faz pensar que somos inúteis. O cérebro não nos permite experimentar o mundo como de fato é; ele tem uma tarefa muito mais importante e restrita: a sobrevivência. Como resultado, o cérebro nos mostra o mundo como *precisamos* vê-lo para sobreviver, o que nos leva à nossa maior praga emocional: a ansiedade.

CAPÍTULO 3
ANSIEDADE E PÂNICO

*Passei por coisas terríveis na minha vida, algumas
das quais realmente aconteceram.*
MARK TWAIN

SEM DÚVIDA VOCÊ JÁ experimentou ansiedade alguma vez na
vida. Como posso ter tanta certeza? Porque é uma parte tão natural
da nossa biologia quanto a fome ou o cansaço. A ansiedade é uma
sensação intensa de desconforto — a de que algo está errado.
Para citar um paciente muito sábio, a ansiedade é uma sensação
de "querer sair da própria pele". Quando alguém diz que não
está bem mentalmente, é provável que esteja sentindo ansiedade.

Experimentamos a ansiedade em diferentes graus e formas.
Algumas pessoas sofrem de uma ansiedade constante e mínima,
como se sempre houvesse algo que as impedisse de se sentirem
completamente à vontade. Para outras, a ansiedade pode ser
repentina e intensa. Para alguns, pode estar relacionada a algo
específico, como falar em público. Já outros imaginam uma série
de catástrofes mais ou menos prováveis ocorrendo diante deles,
como a queda do avião em que estão, o sequestro dos filhos ou
a demissão que acarretaria a venda da casa própria.

A ansiedade é mais bem descrita como uma espécie de "estresse
preventivo". Se o chefe o assediar no trabalho, naturalmente você

vai se sentir estressado. Mas se você pensar: *E se meu chefe gritar comigo no trabalho?*, então isso é ansiedade. As reações em nosso cérebro e corpo são basicamente as mesmas, mas a diferença é que o estresse é desencadeado por uma ameaça, enquanto a ansiedade é desencadeada pelo pensamento de uma *potencial* ameaça. Na prática, há tantas formas de ansiedade quanto há pessoas, mas, ao fim e ao cabo, qualquer ansiedade é a maneira que o cérebro tem de nos dizer que algo está errado — e, assim, ativar o sistema do estresse. Esse "algo" pode ser vago e irreal. Aparentemente, o cérebro adora nos dizer que algo está errado.

"DEVE HAVER ALGO ERRADO COMIGO"

Um homem de 26 anos chegou no meu consultório e relatou o seguinte:

Eu tinha dormido mal e estava estressado com uma reunião importante de trabalho. Quando entrei no metrô um pouco depois das oito, esperava encontrar um assento para poder dar uma última olhada em alguns documentos importantes, mas o vagão estava lotado. No túnel, entre uma estação e outra, o trem de repente parou e todas as luzes se apagaram. Fui tomado por um forte pânico, algo que nunca tinha sentido antes. Meu coração estava disparado, e minha mente, acelerada. Era como se uma redoma estivesse se formando ao meu redor. Sentia uma dor no peito e estava ofegante. Eu só queria sair daquele vagão escuro, parado e confinado. Enquanto me agachava, tudo o que conseguia pensar era que estava tendo um ataque cardíaco e ia morrer.

As pessoas me encaravam; algumas apontavam e sussurravam. Quem estava mais próximo começou a se afastar.

Uma senhora gentil se abaixou e me perguntou o que estava acontecendo, mas eu nem conseguia responder. Curiosamente, consegui pensar no quanto seria trágico se a minha vida terminasse em um vagão de metrô.

Quando o trem do metrô enfim voltou a andar, alguém já tinha chamado uma ambulância, que estava à minha espera na estação seguinte. Três horas depois, eu estava sentado na emergência do Hospital Karolinska, aguardando os resultados dos exames. De acordo com a médica, não foi um ataque cardíaco — meu eletrocardiograma e hemograma estavam normais —, mas sim um ataque de pânico. Ela me perguntou como eu estava me sentindo e sugeriu que eu consultasse um psiquiatra. Pedi que ela verificasse o eletrocardiograma novamente — devia ter havido algum engano. Mas a médica disse que não havia dúvida ou qualquer erro e que já vira muitas pessoas na minha situação.

Quando conheci esse homem, uma semana depois dessa crise, ele me disse que, sim, vinha se sentindo bastante estressado ultimamente, por causa dos prazos no trabalho e de um relacionamento instável. Mas ele não conseguia entender por que isso acarretaria uma ansiedade tão repentina e paralisante. E por que no metrô? Para ele, era um sinal de que havia algo errado com ele.

Cerca de uma em cada quatro pessoas terá um ataque de pânico — a forma mais intensa de ansiedade — em algum momento da vida. Os ataques de pânico são uma sensação extremamente aguda de desconforto, e muitas vezes são acompanhados de taquicardia, falta de ar e uma sensação de perda de controle paralisante. Entre 3 e 5% das pessoas sofrerão repetidos ataques de pânico e, com isso, se verão obrigadas a limitar sua vida. Elas acabam por evitar metrôs, ônibus e espaços confinados ou abertos. A chamada "ansiedade antecipatória" pode causar tanto sofrimento quanto os próprios ataques.

Em um primeiro ataque de pânico, muitas pessoas vão para o hospital convencidas de que estão tendo um ataque cardíaco. Quando nós, médicos, informamos que se trata de um ataque de pânico, nossa primeira ação é tranquilizar o paciente de que ele não está em perigo. Seu coração não vai parar de bater, ele não vai deixar de respirar, mesmo que essa seja a sensação. A maioria das pessoas em uma crise de ansiedade tem certeza absoluta de que há algo seriamente errado com elas. Então vamos dar uma olhada mais de perto no que de fato acontece no corpo e no cérebro durante um ataque de pânico.

Há um forte indício de que o ataque se origina na amígdala, que, entre outras coisas, conforme descrito no capítulo anterior, tem a tarefa de identificar o perigo em nosso ambiente. A amígdala sinaliza uma possível ameaça e o corpo reage entrando no mecanismo de luta ou fuga. O sistema de estresse é, por sua vez, ativado, aumentando os batimentos cardíacos e a frequência respiratória. O cérebro interpreta esses sinais do corpo de forma equivocada, e os toma como sinal de que há um perigo iminente, intensificando os esforços. Os batimentos e a frequência respiratória aumentam ainda mais, o que o cérebro interpreta novamente de forma errônea como uma prova ainda mais forte de que algo perigoso está acontecendo. A essa altura, nos vemos em uma espiral em direção ao pânico total.

O PRINCÍPIO DO DETECTOR DE FUMAÇA

Você pode pensar que esse círculo vicioso de interpretações equivocadas deve significar que há uma falha no cérebro, mas agora vamos dar uma olhada na reação do meu paciente sob uma perspectiva da biologia evolutiva. O motor de um ataque de pânico, a amígdala, é rápido, mas desleixado. A amígdala funciona de acordo com o que chamamos de "princípio do detector de fumaça". Se o detector de fumaça de nossa cozinha fosse disparado desnecessariamente — por exemplo, porque a torrada queimou —, poderíamos relevar esse fato desde que tivéssemos certeza de que ele dispararia se houvesse mesmo um incêndio. A amígdala funciona exatamente da mesma maneira — ela tende a disparar mais vezes do que o necessário para garantir que nunca vá deixar passar um perigo real. Mas, na prática, o que significa "mais vezes do que o necessário"? O psiquiatra americano Randolph Nesse explica usando o seguinte exemplo: digamos que você esteja na savana e ouça um farfalhar nos arbustos. O barulho é provavelmente apenas o vento, mas há uma pequena chance de que possa ser um leão. Se você correr em pânico, gastará cerca de cem calorias. É isso que o corpo queimará ao fugir, então é o que você perderá em energia mesmo se o farfalhar for realmente apenas vento. No entanto, se o cérebro não ativar o sistema de estresse e a ameaça for de fato um leão, isso lhe custará cem mil calorias: o que o leão vai consumir ao devorar você.

Por essa lógica de calorias brutas, o cérebro deve ativar o sistema de estresse com uma frequência mil vezes maior do que é necessário. Você pode desdenhar desse exemplo exagerado, mas ele dá uma ideia do que significa ter sistemas de alerta internos que foram calibrados ao longo de centenas de milhares de anos em um mundo muito mais perigoso. Pessoas que viam perigos por toda parte e que estavam sempre prevenidas para eventuais desastres tinham uma chance maior de sobrevivência do que aquelas que colocavam os pés para o alto e relaxavam diante da fogueira. Essa tendência de ver o perigo a cada momento e se planejar constantemente para desastres é o que agora chamamos de ansiedade. E o desejo esmagador de fugir que você sente quando o corpo ativa o sistema de estresse com força é o que agora chamamos de ataque de pânico.

Resumindo, cada ataque de ansiedade não precisa cumprir uma função por si só. Uma fração de todos os ataques de pânico que em algum momento salvaram nossas vidas foi suficiente para o cérebro calibrar e errar por precaução. Sob a perspectiva do cérebro, podemos, portanto, ver um ataque de pânico como um falso alarme e um sinal de que ele está fazendo exatamente o que deveria, assim como um detector de fumaça que nos diz que a torrada está queimada. O fato de que nosso sistema de estresse prefere entrar em ação mais vezes do que o necessário, e não só uma vez ou outra, realmente serve a um propósito e não se trata de uma falha.

Mas se esse sistema de estresse hipersensível nos ajudou a sobreviver, você pode se perguntar a razão de não entrarmos em pânico diante de qualquer pequeno imprevisto. Como alguém pode sequer entrar em um vagão de metrô sem ter um ataque de pânico? Os nossos ancestrais mais cautelosos não deveriam ter tido as melhores chances de evitar as garras do leão, o veneno da cobra e o deslizamento fatal de pedras? Mas a razão pela qual nem todos estamos à flor da pele o tempo todo é que, na natureza, tudo é concessão e tudo tem um custo. O pescoço e as pernas longas de uma girafa podem ajudá-la a alcançar folhas a que outros animais não chegam, mas se essas pernas ficarem longas *demais*, correm o risco de quebrar. Um antílope magro pode correr rápido, mas, sem reservas de gordura, não tem de onde tirar energia quando a comida é escassa. Se nossos ancestrais tivessem visto perigo em tudo, o risco de morrer em um acidente ou ataque de predador teria sido menor. Mas se eles tivessem considerado *tudo* como uma ameaça à vida e saltado diante da própria sombra, nunca teriam conseguido reunir a coragem necessária para encontrar comida ou um companheiro. Em outras palavras, qualidades favoráveis quase sempre têm um custo.

Agora, você pode argumentar que *todos* os ataques de pânico no metrô são, por definição, disfuncionais, pois não cumprem função alguma. É claro que isso é verdade, mas em vez de considerar sua função pelos padrões atuais, deveríamos nos perguntar que situações históricas podem ter exigido tal reação. Essas ocorrências eram comuns? Do ponto de vista da sobrevivência, poderia ter sido benéfico para nós sermos capazes de fugir de algum lugar a qualquer custo? A resposta a essas perguntas provavelmente é sim. É por isso que não devemos nos surpreender com o fato de que nossos mecanismos de defesa podem ter consequências graves — como ataques de pânico no metrô —, nem com o fato de que esses mecanismos entram tão prontamente em ação. É melhor "mais vezes do que o necessário" do que "uma vez ou outra".

Em resumo, a principal razão pela qual ainda sentimos ansiedade, apesar de nossas vidas seguras, é que o sistema de alarme do cérebro ainda é adaptado para um mundo em que metade da população morria antes de chegar à adolescência. Um mundo em que a capacidade de ver o perigo a cada momento concebível — e inconcebível — aumentava as chances de sobrevivência. Você e eu somos os descendentes desses sobreviventes, e, como nossa suscetibilidade à ansiedade é determinada em cerca de 40% pela genética (sim, é um número real), então a maioria das pessoas percebe o mundo como sendo mais perigoso do que é.

Diante de tudo isso, não é estranho que algumas pessoas sintam ansiedade. O que é mais estranho é que haja pessoas que *não* sintam! Braços fortes podem levantar pesos significativos e pernas fortes podem correr rápido, mas um cérebro forte não é imune ao estresse, à adversidade e à solidão; no entanto, ele faz o que pode para que possamos enfrentá-los. Às vezes, isso envolve gerar sentimentos de preocupação, ou nos faz querer retroceder ou enxergar o mundo como perigoso. Se acreditarmos que esses sintomas significam que o cérebro está com defeito ou doente, então esquecemos que sua função mais importante é a sobrevivência. Se a ansiedade dos nossos ancestrais tivesse sido menos facilmente aguçada, você e eu não estaríamos aqui hoje. Agora, imagine se todos soubessem disso. Assim como meu paciente no vagão do metrô, muitas das pessoas que convivem com a ansiedade estão convencidas de que há algo errado com elas. Quando percebem que a ansiedade pode de fato ser um sinal de que o cérebro está funcionando da maneira que deveria, isso pode servir como um alívio.

Braços fortes podem levantar pesos significativos, mas um cérebro forte não é imune ao estresse; no entanto, ele faz o que pode para que possamos enfrentá-lo.

Muito tempo depois, o paciente que teve um ataque de pânico no metrô me disse que, quando percebeu que essas crises são um alarme falso que mostra o funcionamento padrão do cérebro, ele aceitou que não há problema em tê-las. Então, os ataques começaram a acontecer com menos frequência! Outra paciente relatou que a acalmava pensar: *É só a minha amígdala querendo que eu tenha medo.* Quando olhamos sob essa perspectiva, não são apenas os ataques de pânico que se tornam mais compreensíveis, mas também o transtorno de estresse pós-traumático (TEPT).

AMEAÇAS HISTÓRICAS

Talvez você ainda esteja cético em relação à ligação entre a sua ansiedade e a sua herança evolutiva. Nesse caso, podemos voltar a atenção para o que nos causa fobias — ou seja, medos desproporcionalmente intensos. As fobias mais comuns são o medo de falar em público, de altura, de ambientes confinados, de espaços abertos, de cobras e de aranhas. E qual a relação entre tudo isso? O fato de que quase ninguém mais morre de qualquer uma dessas fobias, mas todas elas representaram historicamente uma ameaça para nós.

Consideremos as picadas de cobra, que matam em média quatro pessoas na Europa ao ano. Compare esse número com os acidentes nas rodovias, que causam cerca de oitenta mil mortes na Europa e mais de 1,3 milhão de mortes no mundo anualmente. Em teoria, ninguém deveria ter medo de cobras, mas a mera visão de um carro deveria nos causar arrepios.

Considere então o medo de falar em público. É altamente improvável que um discurso confuso em uma festa de cinquenta anos ou uma apresentação titubeante na escola ou no trabalho seja caso de vida ou morte. Por outro lado, a cada ano, o tabagismo tira a vida de sete milhões de pessoas e o sedentarismo leva a cinco milhões de mortes precoces. Então por que tantos de nós têm um pequeno colapso ao pensar em falar na frente dos outros, mas dão de ombros para cigarros e sofás confortáveis? A resposta é que o sedentarismo e o tabagismo nunca representaram uma ameaça histórica para nós e, como consequência, não desenvolvemos medo deles. Contudo, a tarefa de falar em público costuma ser acompanhada do risco de exclusão, o que para quase todas as gerações anteriores de humanos teria sido equivalente a um perigo mortal. Pertencer a um grupo era basicamente tão importante quanto ter comida e, como consequência, o cérebro interpreta a fala em público como uma ameaça potencial à nossa vida. O fato de que cobras e o ato de falar em público ainda provoquem medos tão fortes em muitos de nós é um dos sinais mais claros de que nossa suscetibilidade à ansiedade foi moldada em outro contexto.

MEMÓRIAS ANGUSTIANTES

No verão de 2005, trabalhei como médico residente em uma unidade psiquiátrica de emergência. Um dos meus pacientes era uma mulher de cinquenta e poucos anos que passara as férias com a família na Tailândia sete meses antes, quando o tsunami catastrófico atingiu a região. Eles estavam hospedados em um hotel situado em uma altura elevada, então ficaram fora de perigo, mas, como ela era enfermeira, foi a um hospital local para oferecer ajuda. Lá, chegou a testemunhar cenas angustiantes envolvendo pacientes gravemente feridos ou mortos, muitos deles crianças.

Quando voltou para sua casa na Suécia, ela no início se sentiu incomodada, mas a vida logo voltou ao normal. No entanto, depois de alguns meses, começou a ter pesadelos em que ela e os filhos se afogavam. Os pesadelos eram tão perturbadores que ela hesitava em ir para a cama. De dia, flashbacks do hospital tailandês dominavam sua mente, e então ela começou a fazer o que estivesse a seu alcance para escapar de qualquer memória da viagem. Cancelou a assinatura do jornal e parou de assistir ao noticiário. Mas isso não foi o suficiente. O mero fato de colocar os pés na rua da delegacia de polícia onde ela havia renovado o passaporte lhe causava grande ansiedade. Aos poucos, ela começou a evitar mais e mais lugares e sentiu que sua vida estava murchando diante de seus olhos. "É como se eu tivesse perdido o controle da minha vida, como se eu não estivesse mais dando os comandos", disse ela.

Ficou claro que ela sofria de TEPT, uma forma particularmente grave de ansiedade que muitas vezes tem relação com memórias dolorosas de um evento perturbador pelo qual o paciente passou ou que testemunhou. Quando estamos acordados, essas memórias aparecem como flashbacks; quando dormimos, como pesadelos. Pessoas afetadas sentem-se constantemente à flor da pele e evitam qualquer coisa que possa desencadear até mesmo a menor lembrança do incidente.

O TEPT foi estudado pela primeira vez em soldados que retornaram da guerra. Os sintomas de flashbacks, pesadelos e hipervigilância foram, obviamente, os mesmos para os soldados de todas as guerras, mas o nome do diagnóstico mudou. Veteranos da Primeira e da Segunda Guerra Mundial foram diagnosticados com "distúrbio de guerra" ou "neurose de guerra". O termo "TEPT" só passou a ser conhecido do público durante a Guerra do Vietnã.

Agora sabemos que o TEPT afeta até um terço dos soldados que retornam do combate, mas não é necessário ter ido à guerra ou enfrentado um desastre natural para ter TEPT; experiências traumáticas como abuso, bullying ou agressão sexual podem ter um efeito semelhante. Isso também vale para aqueles que foram expostos a violência doméstica.

Estar traumatizado significa que o cérebro acredita que o trauma ainda continua, e esse foi claramente o caso da minha paciente. Pode parecer que a natureza estava lhe pregando uma peça cruel ao manter seu cérebro alerta, dia e noite, revivendo esses eventos perturbadores repetidamente. De que adianta se lembrar de algo que aconteceu sete meses antes, do outro lado do mundo? Para entender isso, precisamos olhar mais de perto o que de fato é a memória.

MEMÓRIA: UM GUIA PARA O FUTURO

No capítulo anterior, vimos que nossos sentimentos se desenvolveram para nos ajudar a sobreviver. Isso se aplica à nossa capacidade de lembrar: lembramo-nos para sobreviver, não para criar recordações. Na verdade, nossas memórias não têm nada a ver com o passado; elas são auxiliares do cérebro para o aqui e agora. Em cada fase da vida, o cérebro seleciona memórias para nos guiar, escolhendo aquelas que considera mais relevantes ou que se assemelham com o que estamos experimentando no momento. Por isso, o Natal do ano passado pode parecer muito recente quando você olha para trás durante a época das festas de final de ano, mas distante, se você pensar sobre isso em pleno inverno.

Embora seja verdade que o cérebro tem uma capacidade de memória incomensurável, ele não consegue se lembrar de tudo o que vivemos; teríamos uma compreensão muito lenta se tivéssemos que processar todos os momentos de nossa vida. Então o cérebro escolhe de que se lembrar, e muitas dessas decisões são tomadas enquanto dormimos. Durante o sono, o cérebro filtra os eventos do dia e seleciona o que deve ser salvo — transformado em memória —, e o que deve ser descartado e esquecido. Essa escolha está longe de ser arbitrária. O cérebro prioriza memórias que considera importantes para a nossa sobre-vivência, particularmente aquelas ligadas à ameaça e ao perigo.

A amígdala — aquela pequena região com formato de amên-doa encarregada, entre outras coisas, de nos alertar para um possível perigo — está situada em frente ao hipocampo, o centro de memória do cérebro. Essa proximidade anatômica reflete a ligação íntima entre nossas experiências emocionais marcantes e a nossa memória. Quando acreditamos que o que sentimos é uma experiência intensa do ponto de vista emocional, esse é um indício de que essa experiência é, de alguma forma, importante para nossa sobrevivência e, portanto, deve ser priorizada pelo cérebro. Se a amígdala é ativada — por exemplo, diante de uma ameaça —, o hipocampo recebe um sinal para tomar nota do que está acontecendo e então criar uma memória nítida e de alta definição. Sete meses após o tsunami, a minha paciente ainda se lembrava dos eventos como se tivessem acontecido ontem. Essas memórias foram construídas para serem facilmente acionadas, até mesmo por estímulos com pouquíssima ligação com o evento em questão — como a rua onde minha paciente buscou o passaporte antes da viagem à Tailândia.

Não há nada de errado com um cérebro que cria memórias claras e facilmente recuperáveis a partir de experiências traumáticas. Afinal, a principal missão do cérebro é garantir nossa sobrevivência, mesmo nas circunstâncias mais difíceis. Como resultado, ele faz tudo o que pode para evitar que acabemos em uma situação semelhante de risco de vida. E se, apesar desses esforços, nos encontrarmos na mesma circunstância, ao menos terá servido para que tenhamos à mão uma imagem bastante nítida de como superamos tudo da vez anterior. Pode parecer bizarro que memórias dolorosas da Tailândia sejam despertadas por uma rua em Estocolmo, onde a ameaça de se afogar em uma onda gigante é praticamente nula. Mas se o cérebro toca o alarme, é porque ele não se adaptou ao fato de que podemos voar para lugares a cerca de oito mil quilômetros de distância.

Qualquer conjuntura que possa ter a menor semelhança com uma experiência traumática anterior fará com que o cérebro recupere essa memória para nossa própria proteção e, dessa forma, aquelas que o cérebro considera mais importante armazenar costumam ser as que preferiríamos esquecer. Isso se aplica a todos nós, não apenas a quem sofre de TEPT. Talvez você tenha uma memória dolorosa que aparece de vez em quando; essa é a maneira de o cérebro tentar evitar que a mesma situação aconteça novamente. Ao reviver a memória repetidas vezes, você acaba se lembrando de como lidou com ela da última vez. O impacto dessas lembranças em nossa saúde mental é de importância secundária para o cérebro, que é, como sabemos, voltado para a sobrevivência, e não para o bem-estar.

A BIOLOGIA POR TRÁS DE "FALAR SOBRE O ASSUNTO"

Sem dúvida alguma, para quem sofre de TEPT, pouco serve de consolo saber que as memórias dolorosas são, na verdade, a bondade equivocada de um cérebro protetor. Ainda assim, a perspectiva do cérebro não apenas nos faz compreender o que o TEPT de fato é como também nos fornece uma chave importante para aliviar e tratar a condição. Já está comprovado que, toda vez que recuperamos uma memória, ela se torna instável e, portanto, maleável. Ou seja, nossas memórias mudam quando pensamos nelas.

Pode parecer estranho sugerir que as memórias são mutáveis. Afinal, tendemos a considerá-las como vídeos do YouTube, que podemos escolher, assistir e salvar, na certeza de que veremos exatamente o mesmo registro quando o acessarmos de novo mais tarde na memória. No entanto, pesquisas na área de psicologia revelaram que nossas memórias são mais como páginas da Wikipédia, sujeitas a atualizações e edições constantes. Essas atualizações tendem a acontecer quando as "pinçamos" — ou seja, pensamos nelas.

Vejamos um exemplo. Tente se lembrar do seu primeiro dia de aula. Talvez você esteja imaginando um professor parado em frente a um quadro-negro, ou uma sala de aula decorada, ou colegas de classe bem-vestidos. Talvez você possa até se lembrar do perfume de alguma flor no ar, ou sentir aquele burburinho de empolgação e ansiedade. No presente, enquanto você pensa no passado, suas memórias do primeiro dia de aula estão, na verdade, mudando ligeiramente. Mas a forma que essas mudanças tomarão dependerá do que você está vivendo e sentindo agora. Em outras palavras, essas memórias serão tingidas pelo seu estado mental atual. Se você estiver se sentindo feliz, elas passarão a ser um pouco mais positivas; se estiver se sentindo deprimido, serão um pouco mais negativas.

A razão pela qual nossas memórias funcionam assim pode ser facilmente compreendida pelo fato de que a principal tarefa delas é nos ajudar a sobreviver — e não dar uma interpretação objetiva de nossas experiências. Digamos que um dia você sofra um ataque de um lobo enquanto caminha na floresta e, por pouco, consiga escapar. Seu cérebro criará uma memória nítida e facilmente recuperável do ataque para evitar que você retorne ao mesmo local ou, caso retorne, para torná-lo extremamente vigilante e pronto para reagir. Mas vamos imaginar agora que você volte ao mesmo lugar, mas dessa vez não encontre lobo algum. Nem na vez seguinte. Nem depois disso. A essa altura, a memória original daquele local já deve ter começado a mudar de "extremamente ameaçador" para um pouco menos ameaçador. O cérebro atualiza sua memória para que esteja mais bem alinhada com o nível adequado de medo. Afinal, se você percorreu a mesma rota na floresta cem vezes e só encontrou o lobo em uma dessas ocasiões, as chances de que você o encontre na 101ª vez são bastante pequenas.

O que em geral consideramos uma "boa" memória — ou seja, uma interpretação exata do que aconteceu — não é necessariamente desejável sob a perspectiva do cérebro. As memórias são e devem ser plásticas e, para nos dar a melhor orientação possível, devem ser atualizadas com base no contexto em que são acessadas.

Tudo isso pode ser colocado em jogo e ter utilidade no tratamento do TEPT. Ao falar de memórias desagradáveis em um ambiente no qual nos sentimos seguros, elas pouco a pouco começarão a parecer menos ameaçadoras. Portanto, fale sobre elas, mas o faça em um ambiente em que você se sinta calmo e seguro, seja com amigos próximos ou com um terapeuta. Mas vá com calma. Se as memórias são particularmente dolorosas, um bom primeiro passo pode ser escrevê-las.

Falar sobre memórias dolorosas em um ambiente seguro — quer se trate de um acidente, bullying, assédio ou abuso — cumpre a mesma função de refazer a rota pela floresta e não encontrar um lobo. Aos poucos, a memória passará a ser menos ameaçadora. Do ponto de vista neurológico, tentar suprimir memórias traumáticas muitas vezes é uma estratégia ruim, porque significa que elas nunca serão transformadas. Ficam petrificadas.

Ataques de pânico e TEPT — indiscutivelmente as formas mais dolorosas de ansiedade — são a maneira como o cérebro tenta protegê-lo. Isso também se aplica a todas as formas de ansiedade: o cérebro quer que você seja cauteloso e ponha a segurança em primeiro lugar. O que nos leva ao principal fato sobre a ansiedade: ela não é perigosa, o que, de forma alguma, sugere que deva ser banalizada — muito pelo contrário. Para a pessoa afetada, a ansiedade pode ser extremamente dolorosa. Qualquer um que tenha tido uma crise de ansiedade — em quaisquer de suas formas — saberá que ela tem a capacidade de assumir o controle e dominar toda a sua vida. Tentar afastar uma crise de ansiedade é como tentar mudar a direção de uma tempestade soprando na direção contrária: não vai funcionar.

Todos sabemos que é extremamente improvável que um avião caia, ou que sufoquemos em um vagão de metrô fechado, mas isso não faz diferença: a ansiedade derruba qualquer contra-argumento lógico e impossibilita pensar em qualquer alternativa. E é aí que está o ponto! Se pudéssemos simplesmente nos livrar da ansiedade com chavões do tipo "Escolha a alegria, não o medo!" ou "Pense positivo!", em primeiro lugar, ela nem teria existido. Se fosse possível enganá-la com tanta facilidade, teria sido um meio muito frágil de influenciar nosso comportamento.

QUANDO DEVO PROCURAR AJUDA?

Quase todos somos afetados pela ansiedade em algum momento, mas como separar o que é "normal" dos momentos em que devemos procurar ajuda? Uma boa regra prática é procurar ajuda se a ansiedade limitar sua vida. Se há algo que você gostaria de fazer (e não que *se espera* que você faça), mas tem evitado devido ao intenso desconforto — seja ir a uma festa, a um evento para fazer networking, ao cinema ou viajar —, então acho que você deve procurar ajuda.

Quando sentimos desconforto com a possibilidade de fazer algo, tendemos a evitar a situação por completo, e esse é o padrão que a terapia voltada para o tratamento de transtornos de ansiedade tenta quebrar. Ao se expor de maneira lenta e controlada a qualquer coisa que lhe cause ansiedade, o cérebro aprende que seu detector de fumaça pode ser ligeiramente hiperativo e, portanto, pode se tornar menos sensível. Ao falar sobre memórias angustiantes, nós as remodelamos, mas isso leva tempo. Afinal, somos programados para fugir do farfalhar de mil arbustos a fim de evitar um único leão. Se você deseja superar o medo de falar em público, não basta fazê-lo duas ou três vezes. É preciso bem mais do que isso, mas, com o tempo, a prática geralmente dá bons frutos.

A base de quase toda terapia para transtornos de ansiedade é a compreensão de que percebemos o mundo como mais perigoso e ameaçador do que realmente é, e que por isso se deve dar menos atenção a esses pensamentos. Mas uma coisa é ler isso, e outra é colocar em prática. Uma estratégia que de fato ajudou alguns dos meus pacientes a afastar esses pensamentos é ver a ansiedade sob a perspectiva do cérebro. O cérebro não foi estruturado para nos mostrar a realidade como ela é, mas sim como precisamos enxergá-la para sobreviver. Quando nosso cérebro vê o mundo como sombrio e ameaçador, não significa que tenhamos "problemas de temperamento", mas sim que temos um cérebro poderoso que está fazendo exatamente o que deveria fazer.

A maioria das pessoas que faz terapia melhora. Como psiquiatra interessado em biologia evolutiva, tenho total respeito pelo fato de que a ansiedade pode e *deve* ser intensa a fim de servir a seu propósito. Ainda assim, nunca deixo de me surpreender com a fantástica capacidade de mudança do cérebro quando vejo o efeito que a terapia — em particular a terapia cognitivo-comportamental — pode ter nos meus pacientes. Mas terapia não é a única coisa que funciona. Um tratamento ignorado e surpreendentemente eficaz para quase todas as formas de ansiedade é a atividade física — que também traz uma longa lista de outros efeitos colaterais positivos. Lembre-se de começar devagar, pois a atividade física intensa leva a um aumento da frequência cardíaca, que pode ser mal interpretada pelo cérebro como perigo iminente e, em vez disso, acabar gerando mais ansiedade. Mais adiante neste livro, falaremos com um pouco mais de profundidade sobre o controle da ansiedade por meio da atividade física. Muitas pessoas com alto nível de ansiedade também acham útil o uso de antidepressivos, então, se você sofre de um transtorno de ansiedade grave, converse com o seu médico.

Diferentes métodos de tratamento não são mutuamente exclusivos e, é interessante observar, parecem afetar partes distintas do cérebro. A atividade física e a medicação parecem aliviar os sistemas de alarme nas regiões mais profundas do cérebro, como a amígdala. A terapia, por outro lado, põe em uso as partes mais avançadas do cérebro, como nosso lobo frontal, e nos ensina a gerenciar mentalmente a ansiedade quando ela surge. Para a maioria das pessoas, uma combinação de vários métodos funciona melhor. Quando o assunto é tratar a ansiedade, um mais um pode muitas vezes ser igual a quatro ou cinco, então quanto mais frentes atacarmos, melhor.

DOIS TRUQUES DO CÉREBRO PARA COMBATER A ANSIEDADE

1. RESPIRAÇÃO. Se você tem tido episódios de ansiedade aguda, uma boa dica pode ser focar na respiração.

Ao respirar com calma, usando expirações longas, o corpo envia sinais ao cérebro de que não há perigo. A parte do sistema nervoso que governa o funcionamento dos nossos órgãos está fora do controle de nossa mente. Esse sistema é chamado de sistema nervoso autônomo e consiste em duas partes distintas: o sistema nervoso simpático, que muitas vezes está ligado à nossa resposta de luta ou fuga, e o sistema nervoso parassimpático, associado à digestão e ao descanso.

A nossa respiração afeta a interação entre os sistemas nervosos simpático e parassimpático. Quando inspiramos, a atividade do sistema nervoso simpático aumenta ligeiramente, empurrando-nos para dar uma resposta de luta ou fuga. Na verdade, o coração bate um pouco mais rápido quando inspiramos, então não é coincidência que os atletas respirem fundo para se preparar para a corrida: ao fazer isso, ativam a resposta de luta ou fuga. Por outro lado, quando expiramos, a atividade do sistema nervoso parassimpático aumenta. O coração bate um pouco mais devagar e a resposta de luta ou fuga é amortecida.

Portanto, se você sentir a ansiedade chegando, pode se afastar por alguns minutos e respirar fundo e com calma, tomando um cuidado especial para expirar por mais tempo que inspirar. Como regra geral, tente inspirar por quatro segundos e expirar por seis. A duração é mais longa do que a natural, então pratique algumas vezes para ter uma ideia. Respirações profundas com expirações longas são uma maneira surpreendentemente eficaz de "hackear" o cérebro para regular nossa resposta de luta ou fuga.

Para muitos, a sensação de alívio da ansiedade ao fazer isso é palpável.

2. EXPRESSE TUDO EM PALAVRAS. Se a respiração lenta não ajuda, há outro truque disponível: descrever e articular o que está sentindo. Deixe-me explicar.

O lobo frontal (na verdade, temos dois, o medial e o lateral, um em cada hemisfério cerebral) fica logo atrás da testa e é a parte mais avançada do cérebro. Em termos muito gerais, a parte medial está entre os olhos, e a parte lateral fica próxima das têmporas.

A parte medial está focada no eu e registra o que acontece dentro do corpo, sendo importante para os sentimentos e a motivação. A parte lateral é a última área do cérebro a amadurecer e se concentra no que está acontecendo ao nosso redor. Essa parte é importante no planejamento e na resolução de problemas. Se você colocar o dedo entre as sobrancelhas, estará apontando para a parte do cérebro que direciona os holofotes para si mesmo. Agora mova o dedo em direção à área externa da sobrancelha, em direção à parte que lida com o que está acontecendo ao seu redor.

Curiosamente, a ativação do lobo frontal tem um poderoso efeito de amortecimento na amígdala. Quando participantes de um experimento se depararam com imagens de rostos zangados e assustados, suas amígdalas foram ativadas. Mas isso não surpreende: uma pessoa com raiva é, afinal, uma ameaça, e uma pessoa assustada pode significar que é preciso observar algo nas proximidades. No entanto, quando os participantes foram solicitados a expressarem o que tinham visto — "Ela parece zangada",

"Ele parece assustado" —, a atividade em seus lobos frontais aumentou, particularmente nas áreas laterais. Estudos mostram que a parte lateral do lobo frontal — ou seja, a parte que se concentra em nosso entorno — é ativada quando descrevemos como nos sentimos. E como essa atividade amortece a amígdala, podemos usá-la a nosso favor para regular nossos sentimentos.

Pratique expressar seus sentimentos e tente dar a eles o maior número de nuances possível. Quanto melhor você conseguir articular seus sentimentos, melhor você estará observando-os objetivamente, em vez de seguir o rastro deles.

DO TRAUMA INFANTIL AO MECANISMO DE DEFESA

Quando eu era criança, raramente se discutia transtornos mentais. Eu tendia a associar a palavra "psiquiatria" a camisas de força e quartos acolchoados, enquanto "ansiedade" era um termo confuso do qual eu não tinha conhecimento algum, e que no máximo me remetia aos filmes de Ingmar Bergman. Hoje é possível encontrar sessenta mil livros sobre ansiedade na Amazon, e uma pesquisa no Google com o mesmo termo em português traz milhões de resultados. Isso pode nos levar a pensar que a ansiedade é algo novo, mas é claro que não é. Até mesmo os filósofos Epicuro (século IV AEC), Cícero (cerca de 50 AEC) e Sêneca (cerca de 50 EC) descreveram a experiência da ansiedade. Cícero e Sêneca também oferecem dicas sobre tratamento, no que deve ser o primeiro manual de terapia cognitivo-comportamental do mundo! Portanto, a ansiedade é tão antiga quanto o ser humano. O que mudou, no entanto, é como a encaramos.

A ansiedade foi considerada por muito tempo como a armadilha da precaução. Quanto mais cenários formos capazes de imaginar, mais poderemos nos preocupar com aqueles que preferimos evitar. Nosso cérebro avançado nos permite visualizar uma infinidade de possíveis resultados futuros e entender como nossas ações podem levar a outros diferentes. E, embora isso nos ajude a planejar, também pode ser uma fonte de ansiedade, pois traz à mente até as possibilidades que não gostaríamos que acontecessem. Portanto, a ansiedade pode ser vista como o preço que nós, humanos, pagamos pela nossa inteligência.

No início do século XX, no entanto, o psiquiatra austríaco Sigmund Freud apresentou outra teoria. Ele acreditava que a ansiedade era muitas vezes o resultado de memórias desagradáveis da infância que acabaram reprimidas. Freud via a psique humana como um campo de batalha, em que as diferentes partes do nosso subconsciente lutam para esconder memórias dolorosas ou para trazê-las à tona. Segundo Freud, a ansiedade era o resultado desse conflito interior. Ele argumentava que, se pudéssemos apenas identificar e processar essas memórias dolorosas reprimidas, nossos conflitos internos se resolveriam e nossa ansiedade desapareceria.

Vamos tentar outro experimento para explorar essa ideia. Digamos que eu — que sempre fui uma alma ansiosa — tenha buscado ajuda na clínica de Freud em Viena, na década de 1920. Após me acomodar no divã e acariciar sua barba branca, Freud teria me pedido para contar minha lembrança mais traumática da infância. Eu teria respondido que não tenho nenhuma lembrança particularmente traumática desse período e que tive uma criação feliz no geral.

"É aí que você se engana!", diria Freud. "Sua disposição neurótica deriva de horrores passados que você reprimiu. Se passar tempo suficiente no meu divã, arrancaremos algum trauma não resolvido que você varreu para debaixo do tapete, e aí poderemos processá-lo juntos. Talvez descubramos que seus pais perderam você na praia ou lhe deram umas belas palmadas quando você não limpou o quarto. Algo está prestes a surgir, escute o que digo!"

Sem dúvida, a contribuição de Freud foi valiosa para nós, pois começamos a expressar nossos sentimentos mais íntimos. Mas, à luz da pesquisa atual, suas ideias sobre ansiedade se mostram um tanto absurdas. Cada vez menos profissionais as levam a sério, o que considero algo bom, pois com frequência essas ideias significavam que os pais seriam culpados pelos transtornos de ansiedade dos filhos. Claro, não há dúvida de que uma infância difícil aumenta o risco de ser afetado pela ansiedade. Quando passamos por estresse intenso nos primeiros anos de vida, isso sinaliza ao cérebro que o mundo em que vivemos é perigoso, o que, por sua vez, faz com que ele aumente a predisposição a disparar o alarme para qualquer "fumaça". No entanto, nem a neurociência nem a psicologia encontraram qualquer comprovação para a ideia de que a ansiedade é causada por memórias de infância *reprimidas*. Na verdade, pesquisas revelaram que nossa predisposição à ansiedade é quase 40% determinada pela genética. Em outras palavras, grande parte de nossa suscetibilidade para desenvolver a ansiedade já foi determinada quando nascemos.

A razão desse desvio para questionar Freud é que o impacto de sua teoria foi enorme, e não apenas entre psicólogos e psiquiatras. Freud influenciou escritores, artistas e diretores, incluindo o pintor Salvador Dalí e os diretores Stanley Kubrick e Alfred Hitchcock, para citar apenas alguns nomes. Por meio desses ícones culturais, as ideias de Freud ganharam tanta força na sociedade que é quase impossível exagerar seu impacto nas percepções de nossa própria psique. É importante conhecer as teorias de Freud, já que elas remodelaram nossa concepção de ansiedade, passando de uma faceta normal da vida para uma doença que deve ser curada.

Uma posição mais alinhada com o conhecimento atual é que a ansiedade é um mecanismo de defesa natural que nos protege contra os perigos e que muitas vezes é sinal de que nosso corpo está em pleno funcionamento. Alguns têm um mecanismo de defesa particularmente aguçado e sentem mais ansiedade do que outros — eu, por exemplo, pertenço a esse grupo. Enquanto isso, outras pessoas, cujos mecanismos de defesa não são tão fortes, experimentam menos ansiedade. Mas o que quase todos nós temos em comum é que somos mais ansiosos do que deveríamos.

As teorias de Freud sobre ansiedade podem ter soado perspicazes naquela época, mas não passavam de meras suposições. Então por que são tão atrativas para tantas pessoas? Talvez porque Freud nos tenha dado esperança de que poderíamos nos libertar completamente da ansiedade. É claro que se trata de uma ideia sedutora, mas, como você já deve ter percebido a essa altura, esse pensamento não é realista à luz de como evoluímos.

Se você sofre de ansiedade, espero que não considere que este capítulo de alguma forma banaliza ou menospreza sua experiência. Como psiquiatra, muitas vezes já vi como a ansiedade pode ser devastadora para as pessoas, além do enorme sofrimento que pode trazer. No entanto, notei que uma visão biológica sobre a ansiedade pode ajudar a enxergá-la sob uma perspectiva mais ampla. Alguns dos meus pacientes acharam reconfortante pensar: *É apenas a minha amígdala agindo* ou *um ataque de pânico é um falso alarme e um sinal de que as minhas funções estão normais.* Para eles, isso faz a ansiedade parecer menos caótica e imprevisível. Alguns até encontram uma lógica nela — parece mais compreensível, mais normal. Não é apenas reconfortante saber que nosso caos interno tem um propósito e uma estrutura; também nos proporciona um assento de espectador de onde podemos observar nossa vida emocional. Quase toda a terapia — desde a terapia cognitivo-comportamental à terapia psicodinâmica — envolve se acostumar a observar nossas próprias emoções de fora, e, na minha experiência, ver a ansiedade sob a perspectiva do cérebro pode servir ao mesmo propósito. Funciona como uma espécie de terapia, permitindo-nos dar um passo atrás e observar nossos próprios sentimentos.

Quando os pacientes descrevem como é reconfortante poder ver a própria ansiedade do ponto de vista do cérebro, isso às vezes me remete a uma das cenas finais do filme *O mágico de Oz*. Na cena, a protagonista Dorothy fica cara a cara com um mágico aterrorizante, até que o cachorro de Dorothy abre a cortina, e ela percebe que o que temia não era um mágico, mas um impostor inofensivo puxando alavancas e pressionando botões. O mesmo se aplica à ansiedade. Quando entendemos que ela não é perigosa e aprendemos mais sobre os botões neurobiológicos que o cérebro está pressionando, a ansiedade pode parecer um pouco menos ameaçadora. Com frequência, quanto mais aprendemos sobre ansiedade, menos ela nos incomoda. E quanto mais aprendemos, mais gentis somos conosco. Descobri que muitos acabam tendo mais autocompaixão.

Dito isso, se sua ansiedade está lhe causando sofrimento, você deve procurar ajuda. Não há absolutamente nenhum valor intrínseco em ter ansiedade ou se sentir mal. Mas lembre-se: a ansiedade é parte natural da vida e foi uma condição para a nossa sobrevivência. Quem espera levar uma vida livre de qualquer ansiedade ficará frustrado; a maioria de nós simplesmente não nasceu para isso. Mas esse fato não significa que há algo errado conosco.

CAPÍTULO 4
DEPRESSÃO

Nada faz sentido na biologia exceto à luz da evolução.
THEODOSIUS DOBZHANSKY, GENETICISTA E
BIÓLOGO EVOLUCIONISTA

AGORA QUE EXAMINAMOS a ansiedade sob a perspectiva do cérebro, é hora de voltarmos a atenção para nosso próximo grande diagnóstico psiquiátrico: a depressão. Se você é mulher, há uma chance em quatro de ter depressão em algum momento da sua vida; se você é um homem, essa chance cai para uma em sete. A Organização Mundial de Saúde estima que mais de 280 milhões de pessoas têm depressão, sendo a terceira maior causa de problemas de saúde no mundo. Mas, apesar do rótulo único e amplo dado a esse transtorno, nem todas as 280 milhões de pessoas com depressão passam pela mesma vivência.

O termo "depressão" compreende um amplo espectro de experiências, mas os denominadores comuns são sentimentos de tristeza e uma perda de interesse em atividades que antes despertavam alegria. Festas, feriados, notícias de amigos — *tudo* parece sem sentido. E esses sentimentos não duram apenas um dia — todos nós temos esses momentos —, mas semanas e meses a fio. O oposto da depressão tem mais a ver com vitalidade do que felicidade; a depressão paralisa, como se você estivesse em um "modo de economia de energia".

O que todas as depressões têm em comum é essa sensação de falta de sentido nas coisas que um dia já proporcionaram alegria. Tirando isso, elas são diferentes. Algumas pessoas podem sentir exaustão constante e precisar de muito mais sono do que o habitual, enquanto outras podem ser incapazes de dormir, ou acordar no meio da noite com uma ansiedade intensa. Alguns podem sentir um aumento no apetite e ganhar peso, enquanto outros podem não ter apetite algum. Alguns se sentirão inquietos e ansiosos; outros, apáticos.

É um equívoco comum achar que as depressões são causadas por uma deficiência nos neurotransmissores serotonina, dopamina e noradrenalina. Na realidade, as coisas não são tão simples. Não há dúvida de que essas três substâncias, que são todas afetadas por antidepressivos, com bons resultados para muitos, desempenham um papel importante na depressão. No entanto, a imagem do cérebro como uma sopa de apenas três ingredientes não reflete a verdadeira complexidade do que é a depressão. É possível que diversas regiões e sistemas no cérebro sejam acometidos, todos com o mesmo resultado: a depressão.

O que se passa dentro do cérebro é complexo e varia de uma pessoa para outra, mas, se buscarmos o que desencadeia a depressão, é surpreendente que muitas vezes se trate de uma só coisa: o estresse. Em particular, o estresse prolongado — ou seja, que dura meses ou anos, em vez de dias ou semanas — e sobre o qual sentimos que não temos controle. O estresse, no entanto, não é a explicação completa. Nascemos também com uma predisposição genética à depressão, seja ela alta ou baixa. Para aqueles particularmente suscetíveis, o estresse não precisa ter sido causado por algo necessariamente grave para desencadear a depressão — pode ser um desentendimento no trabalho, por exemplo. Para outros, podem ser necessários maiores níveis de estresse, como a perda de um ente querido. E alguns podem nunca ser afetados, não importa o que a vida lhes apresente. Esse fato é com frequência resumido pelo princípio: "A genética carrega a arma, o ambiente puxa o gatilho." Nas últimas décadas, houve um esforço gigantesco para tentar identificar os genes que carregam essa "arma".

Quando Bill Clinton anunciou em junho de 2000 que todas as letras do genoma humano haviam sido decodificadas, não conseguia esconder seu entusiasmo. "Estamos aprendendo a linguagem com que Deus criou a vida (...) Com esse conhecimento novo e profundo, a humanidade está prestes a conquistar um imenso e inédito poder de cura", declarou solenemente o presidente Clinton. Naquela época, no despertar do novo milênio, vislumbrou-se a perspectiva de erradicar as doenças e os sofrimentos que nos assolavam desde tempos imemoriais.

Agora, cerca de duas décadas depois, podemos dizer com toda a certeza que o sequenciamento do nosso genoma foi de fato inovador e abriu caminho para novas oportunidades de tratamento para uma série de doenças. Há, no entanto, uma exceção, e é na psiquiatria — particularmente a depressão. Os pesquisadores esperavam encontrar um único gene causador da depressão, um gene por trás de um mecanismo biológico que um comprimido poderia consertar. No entanto, esse gene não existe. Também não existe nenhum gene responsável por transtorno bipolar, esquizofrenia ou ansiedade. Em vez disso, descobriu-se que centenas, se não milhares, de genes desempenham o próprio pequeno papel no risco de desenvolver depressão.

Como a esperança de encontrar um único gene responsável pela depressão foi frustrada, esse mistério ficou cristalizado. Descobriu-se que os genes que afetam nosso risco de desenvolver depressão são comuns e estão presentes em muitos de nós. Se todos eles têm um papel a desempenhar na nossa predisposição para a depressão, por menor que seja, então por

que estão presentes em tantas pessoas? A evolução não deveria
tê-los eliminado? Afinal, não é de hoje que a depressão causa
tristeza; para nossos ancestrais caçadores-coletores, deve ter sido
devastador perder a capacidade de sentir alegria. Por que a Mãe
Natureza nos torna tão propensos à depressão, que agora afeta
280 milhões de nós?

RELAÇÕES COM VÍRUS — NÃO COM PESSOAS

A insônia foi o pior. Eu ia para a cama cedo, dormia
depois de mais ou menos uma hora e acordava às 2h30
com palpitações e essa ansiedade terrível. Depois de três
semanas, tudo parou. Fiquei apática, parei de atender
o telefone, pus a culpa em outras coisas: tenho que
trabalhar, não posso falar agora. As pessoas acabaram
deixando de ligar.

Mas depois foi o contrário, me vi tomada por uma
necessidade exagerada de dormir. Eu dormia doze horas
por noite, mas nunca me sentia descansada. De vez em
quando, era dominada por essa ansiedade quase frenética.
A certa altura, considerei brevemente tirar minha própria
vida para escapar de tudo. Hoje sou incrivelmente grata
por ter estado tão apática a ponto de ser incapaz de pensar
de verdade em como poderia fazê-lo.

Acabei procurando ajuda. O médico prescreveu uma
medicação, e comecei a fazer terapia. Depois de quatro
meses, as coisas começaram a mudar lentamente, mas foi
tudo tão gradual que tive dificuldade para enxergar uma
melhora. Só depois de seis meses comecei a ver uma luz
no fim do túnel, e hoje me sinto bem. Mas nunca, nunca,
quero chegar àquele ponto de novo e farei tudo ao meu
alcance para evitar isso.

Esse é o relato que recebi de uma enfermeira de 43 anos durante uma consulta para revisar a prescrição de seus antidepressivos. Fiquei impressionado com o contraste entre a evolução do estado dela e como ela se sentia antes. Como as coisas chegaram a um ponto em que ela pensou em tirar a própria vida? Ela descreveu o que acontecera antes da crise: ela vivia muito estressada havia anos, pois os dois filhos estavam tendo problemas na escola e fazendo testes para descobrir se tinham algum tipo de transtorno neuropsiquiátrico. Embora a enfermeira achasse que o estresse relacionado aos filhos era controlável, a gota d'água foi quando o trabalho a sobrecarregou. Ela ficara encarregada de reorganizar os fluxos de trabalho de seu departamento — algo em que ela não via sentido e também sobre o qual não tinha qualquer controle real. Depois de quase um ano de trabalho árduo, decidiram interromper a reorganização e ela conseguiu se libertar da tarefa hercúlea. Na mesma época, a situação dos filhos melhorou, pois eles começaram a receber boa assistência dos serviços de psiquiatria escolar e infantil. E então, quando tudo pareceu entrar nos eixos, ela foi derrubada por uma depressão tão grave que chegou a considerar o suicídio. "Foi como se o estresse tivesse me atingido em cheio justamente quando baixei a guarda", explicou ela.

Já perdi a conta do número de pacientes que, como essa mulher, caíram em depressão profunda *depois* de um período de estresse intenso. Há muito tempo vejo isso como um sinal de que algo devia estar errado — certamente um cérebro saudável deve enfrentar o desafio e ficar *mais forte* com o estresse prolongado, da mesma forma que nossos músculos ficam mais fortes com exercícios mais pesados, não? Descer à escuridão depois que o estresse passou devia ser um sinal de que algo estava errado.

Muitas vezes percebemos a depressão, e o estresse que com frequência a desencadeia, em termos de nossas relações com os outros — afinal, o estresse psicossocial tende a ser o que aperta o nosso calo. Mas percebi que, sob a perspectiva do cérebro, também devemos enxergar essas questões em relação a bactérias e vírus. Pode parecer estranho e abstrato, mas minha conclusão é baseada em algumas das descobertas das pesquisas médicas mais inovadoras das últimas décadas. Faço parte de um número crescente de psiquiatras e pesquisadores que acreditam que nossa capacidade de desenvolver sintomas de depressão pode, de fato, ser um mecanismo de defesa profundamente enraizado que historicamente nos salvou de infecções. Na verdade, vários tipos de depressão, embora não todos, podem ser desencadeados pelo sistema imunológico. Essa conclusão também ajuda a explicar por que tantos de nós somos tão propensos à depressão. Mas vamos examinar mais de perto o que me fez começar a pensar dessa maneira.

METADE MORREU NA INFÂNCIA

Se você é alguém que tem a tendência de se preocupar com ficar doente, acho que deve ficar mais apreensivo com doenças cardiovasculares, câncer ou talvez até covid-19, que estavam entre as principais causas de morte em 2020. Com exceção da covid-19, essa lista é extraordinária do ponto de vista histórico. No passado, não morríamos de câncer ou de doenças cardiovasculares. Ao longo da maior parte da história da humanidade, cerca de *metade* da população morreu antes da idade adulta, principalmente de infecções. Leia isso de novo, pois vale a pena repetir: *metade de todos os humanos morria na infância, principalmente de infecções.* A ameaça representada por doenças infecciosas persistiu até poucas gerações atrás. Ainda no início do século XX, as causas mais comuns de morte eram pneumonia, tuberculose e infecções gastrointestinais. Todas são doenças infecciosas! Até quatro gerações atrás, a tuberculose foi responsável por mais mortes *per capita* do que todas as formas de câncer hoje.

Entre 1870 e 1970, a varíola ceifou quinhentos milhões de vidas — dez vezes mais do que a Segunda Guerra Mundial —, e as crianças foram particularmente afetadas. Mas passar ileso pela infância não significava que você estivesse livre: entre 1918 e 1920, uma grave epidemia de gripe, que ficou conhecida como Gripe Espanhola ou Grande Gripe, custou a vida de pelo menos cinquenta milhões de pessoas e foi especialmente fatal na faixa dos vinte e trinta anos. Portanto, não foi a Primeira nem a Segunda Guerra Mundial que representou a maior ameaça para os jovens europeus no início do século XX, mas a varíola e a Grande Gripe. Se os jornais diários fossem publicados apenas uma vez a cada cem anos, a maior notícia para o século XX seria: "Expectativa de vida dobra. Progresso extraordinário na luta contra doenças infecciosas!"

Por que isso é tão importante para compreender a depressão? Bem, seu corpo e seu cérebro são o resultado do fato de que a maioria dos seres humanos morreu jovem, e você descende daqueles que *não* morreram na infância. Esse simples fato é extremamente importante, uma vez que veio a moldar como nosso corpo e cérebro funcionam. Vejamos um exemplo. Suponha que duas doenças infecciosas horríveis atingissem nossos ancestrais. Vamos chamá-las de Febre Branca e Febre Cinzenta. A Febre Branca só acomete crianças e mata metade das que adoecem. A outra metade sobrevive graças a genes que as tornaram resistentes. A Febre Cinzenta também é fatal em metade dos infectados, mas só acomete quem tem mais de setenta anos. Da mesma forma, aqueles que sobrevivem à Febre Cinzenta têm genes que os torna resistentes.

Agora vamos imaginar que tanto a Febre Branca quanto a Febre Cinzenta devastem as populações do planeta em uma terrível pandemia. Metade de todas as crianças e metade de todas as pessoas acima de setenta anos perecem. Como resultado, após a pandemia, todas as crianças sobreviventes carregam genes que as protegeram contra a Febre Branca — caso contrário, teriam morrido — e, pelo mesmo motivo, todos os sobreviventes com mais de setenta anos carregam os genes de proteção contra a Febre Cinzenta. Se, então, saltarmos duas gerações à frente, contra qual doença muitas pessoas terão agora proteção genética? A resposta é a Febre Branca. Como afetou apenas crianças, quem estava em risco morreu antes que pudesse crescer e ter os próprios filhos. Consequentemente, os genes que nos tornaram mais suscetíveis à Febre Branca não foram transmitidos através das gerações. Por outro lado, os genes que nos tornaram suscetíveis à Febre Cinzenta foram transmitidos, uma vez que quem sucumbiu à doença o fez já tarde na vida, quando já tinha tido filhos que herdaram esses genes. Por extensão, isso significa que nosso corpo e cérebro evoluíram para sobreviver às doenças que historicamente mataram humanos quando eram *jovens*.

NEM MESMO OS PRESIDENTES FORAM POUPADOS

Nós nos tornamos tão bons em evitar a morte precoce provocada por doenças infecciosas que esquecemos completamente a ameaça que elas representavam até poucas gerações atrás. Esses avanços fantásticos na medicina são mais bem ilustrados pelas vidas humanas do que pela estatística. Como se sabe, o presidente dos Estados Unidos, Joe Biden, passou por várias tragédias pessoais. Em 1972, ele perdeu a esposa Neilia e a filha Naomi em um acidente de carro, e, em 2015, seu filho Beau faleceu de um tumor cerebral. A história de vida de Biden é uma espécie de trauma nacional, e muitas pessoas sentem que isso lhe dá uma consciência e compreensão do sofrimento humano que é singular entre os presidentes.

As perdas trágicas de Joe Biden talvez o tornem único em comparação a outros presidentes da história recente dos Estados Unidos, mas, se voltarmos um pouco mais no tempo, fica claro que tais perdas pessoais eram mais a regra do que a exceção. Nas décadas de 1840 e 1850, o décimo sexto presidente dos Estados Unidos, Abraham Lincoln, teve quatro filhos. Edward Lincoln morreu prestes a completar quatro anos, provavelmente de tuberculose. William Lincoln morreu aos onze anos, com suspeita de febre tifoide. Thomas Lincoln morreu aos dezoito anos, de tuberculose. Apenas um de seus filhos, Robert Lincoln, sobreviveu até a idade adulta. Tragédias semelhantes aconteceram com Thomas Jefferson (o terceiro presidente dos Estados Unidos), que perdeu quatro de seus seis filhos antes que completassem dois anos. William Harrison (o nono presidente) teve dez filhos e perdeu cinco. Zachary Taylor (o décimo segundo presidente) teve seis filhos e perdeu três. Franklin Pierce (o décimo quarto presidente) perdeu todos os três filhos. Isso continuou até o século XX, quando Dwight Eisenhower perdeu um de seus dois filhos para a escarlatina, uma doença infecciosa.

Os presidentes e suas respectivas famílias certamente tiveram acesso aos melhores cuidados de saúde da época. O fato de que, mesmo assim, muitos deles tenham perdido metade de seus filhos para doenças é uma clara lembrança de algo que muitas vezes esquecemos: até poucas gerações atrás, a maioria das pessoas morria jovem. E a maioria delas morria de infecção.

INFECÇÕES DIFERENTES

Visto que as doenças infecciosas ceifaram tantas vidas jovens ao longo da história, desenvolvemos mecanismos de defesa particularmente fortes contra elas. Para entender o que isso tem a ver com a depressão, precisamos observar os tipos de infecções que representaram uma ameaça para nós. Nossa espécie, *Homo sapiens*, surgiu na África há cerca de 250 mil anos. Como expliquei anteriormente, ao longo da maior parte de nossa história, os humanos viviam como caçadores-coletores, até que, cerca de dez mil anos atrás, fizemos a transição para a agricultura. Por causa disso, começamos a viver mais próximos uns dos outros e criamos animais para servir de comida. No entanto, os dois fatores facilitaram a transmissão de doenças de animais para humanos e, em seguida, sua disseminação entre nós. Tuberculose, hepatite, sarampo, varíola e HIV — provavelmente todas se originaram em animais, mas saltaram a barreira das espécies e acometeram os humanos. Como consequência, essas doenças espalharam-se entre nós em nossas comunidades mais densamente povoadas. A tuberculose, a varíola e o sarampo provavelmente têm, portanto, menos de dez mil anos de idade, o que, sob uma perspectiva evolutiva, nos permite classificá-las como doenças "novas". São o preço que tivemos que pagar por viver em comunidades mais próximas e conseguir alimentar mais bocas com a comida obtida por meio da pecuária e da agricultura. Nos tempos de nossos ancestrais caçadores-coletores, provavelmente não fomos afetados por essas doenças, pois vivíamos em grupos tão pequenos que seria difícil que as infecções se espalhassem.

Uma pandemia como a da covid-19 teria sido praticamente impossível nos tempos dos caçadores-coletores, pois ocorrências assim requerem interação entre muitas pessoas de diversos lugares. Isso não significa que os caçadores-coletores foram poupados de doenças — longe disso —, apenas que as infecções que os afligiam tendiam a não ser provenientes de vírus e bactérias oriundos de animais. Em vez disso, os caçadores-coletores tendiam a sofrer de infecções decorrentes de alimentos estragados ou feridas. Sem acesso a antibióticos, uma ferida infectada poderia ter consequências catastróficas. Então o que essas pessoas sentiam quando corriam o risco de se ferir? Bem, *estresse*! Estresse durante a caça, a fuga, um conflito grave. Todas essas coisas significavam um maior risco de lesão e o risco resultante de infecção.

O psiquiatra americano Charles Raison acredita que, ao longo de grande parte da história da humanidade, o estresse tem sido um sinal confiável para o corpo de que há um risco aumentado de infecção. O sistema imunológico consome 15-20% da energia do corpo e, como demanda muita energia, não se pode recorrer o tempo todo a ele. Nosso corpo tem que escolher em que ocasiões deve aumentar a marcha do sistema imunológico, e o estresse é um sinal de que é hora de fazê-lo. Raison acredita que o corpo, portanto, interpreta o estresse como um sinal de que há um risco aumentado de infecção, pois, historicamente, foi exatamente isso que o estresse significou. Como resultado, nosso sistema imunológico aumenta sua atividade. Esse mecanismo não se aplicava apenas à savana; também funciona hoje para você e para mim — afinal, também fomos adaptados à vida como os caçadores-coletores.

A ENTREVISTA DE EMPREGO INFERNAL

Há um teste interessante que demonstra a ligação entre o estresse social e o sistema imunológico. Imagine que você está em uma entrevista de emprego. Você entra na sala e encontra dois homens e uma mulher de jaleco branco sentados à sua frente. Eles parecem grosseiros e intimidantes, nem sequer dizem "oi" e pedem que você comece a falar imediatamente. Hesitante, você passa a descrever sua experiência de trabalho e diz por que acha que ela o favorece para a função. Chega a forçar um sorriso para tentar aliviar o clima, mas eles apenas o encaram sem demonstrar emoção. Quando você faz uma breve pausa para encontrar as palavras certas, um dos homens pergunta, com arrogância velada: "Você sempre fica calado em entrevistas?"

Depois de suar para passar pelo interrogatório, é hora de fazer alguns testes. O entrevistador arrogante pede que você conte de trás para a frente a partir de 1.022 o mais rápido possível, em intervalos de 13. Você começa: "1.022, 1.009..." e depois precisa de alguns segundos para pensar antes de dizer: "996." O trio troca sorrisos de desdém.

Essa entrevista de emprego infernal faz parte do Teste de Estresse Social de Trier, usado para examinar como lidamos com situações socialmente avaliativas. Os participantes são informados de que farão uma entrevista de emprego simulada, que será filmada e depois avaliada por cientistas comportamentais. Os entrevistadores são instruídos a adotar um tom depreciativo e a responder os entrevistados de forma seca e rígida.

Não surpreende que a maioria dos participantes sinta desconforto, tenha o batimento cardíaco elevado e transpire. O que torna o Teste de Estresse Social de Trier interessante é o que se revela nos exames de sangue de alguns participantes: o aumento no nível de IL-6 (interleucina-6). Essa substância desempenha um papel fundamental no sistema imunológico e estimula a febre quando temos uma infecção. Mas por que os níveis de IL-6 aumentam durante uma entrevista de emprego? Os participantes dificilmente correm o risco de pegar um vírus ou bactéria desses entrevistadores arrogantes — então por que o sistema imunológico se mobiliza contra uma ameaça à nossa autoestima?

O mistério tem uma solução possível quando consideramos o que discutimos anteriormente neste capítulo. O estresse pelo qual os participantes passam durante uma entrevista de emprego faz com que o corpo pense que corre maior risco de ser ferido, uma vez que é isso que o estresse significou historicamente. Por consequência, o corpo começa a se preparar. Um maior risco de lesão vem acompanhado de um risco aumentado de infecção, e assim o sistema imunológico aumenta a marcha. Esse fato nos deixa um pouco mais próximos de como tudo isso se relaciona com a depressão.

UM BANQUETE PARA OS VÍRUS

O fato de que nossos ancestrais sobreviveram a infecções é basicamente um milagre. Na verdade, na batalha contra vírus e bactérias, deveríamos estar condenados à derrota. O único propósito de um vírus é criar o maior número possível de cópias de si mesmo. Em termos biológicos, um vírus é apenas um pedaço de código genético. É até questionável se pode ser considerado "vivo". Como ele não tem o mecanismo necessário para se replicar, sua única maneira de fazer isso é invadir outro organismo e enganá-lo para que ele faça essas cópias por ele. O organismo então idealmente espalharia as cópias para outros, que, por sua vez, podem produzir mais cópias e espalhá-las ainda mais.

Sob a perspectiva do vírus, é difícil pensar em um organismo melhor para invadir do que o do ser humano. Afinal, vivemos em estreita proximidade uns dos outros, somos extremamente sociais e viajamos pelo mundo. Além disso, nossas gerações têm intervalos de pelo menos vinte anos. Para um vírus, por outro lado, uma geração dura apenas alguns dias, o que significa que eles se renovam cerca de dez mil vezes mais rápido do que nós. Dessa forma, os vírus estão em constante mutação e aparecem em novas formas, tornando sua capacidade de se adaptar muito melhor do que a nossa.

Em outras palavras, somos um verdadeiro banquete para vírus e bactérias. Não é estranho que metade de todas as crianças tenha morrido de infecções. O que é estranho é que *nem todas elas* tenham sucumbido. Antes dos antibióticos, das vacinas e dos cuidados de saúde modernos, que recursos tínhamos para combater infecções? A nossa defesa mais óbvia é o nosso excelente sistema imunológico, que se lembra das infecções que tivemos antes e está preparado para se mobilizar rapidamente caso as tenhamos de novo. Nosso sistema imunológico é tão engenhoso que só o cérebro supera sua complexidade. E, como ocorre com o cérebro, nosso mapeamento do sistema imunológico só começou: estamos constantemente descobrindo novas funções. Uma das minhas favoritas é que basta *ver* alguém tossir para fazer nosso sistema imunológico entrar em ação.

Além disso, temos uma aversão forte e automática à comida estragada, que é a maneira de o cérebro nos fazer evitar alimentos que podem trazer problemas. Sinta o cheiro de leite azedo ou peixe podre e tente não estremecer. É quase impossível! O sistema imunológico que entra em ação ao vermos alguém tossindo ou que gera repulsa diante do mero cheiro de comida estragada às vezes é denominado "sistema imunológico comportamental". Como o nome sugere, essa defesa imunológica estendida inclui os nossos comportamentos — afinal, é sempre melhor evitar ingerir bactérias e vírus do que lidar com eles dentro do corpo. E o que afeta o comportamento? Sentimentos! Quando nos sentimos tristes, acabamos nos retirando, isolando e nos enfiando embaixo do edredom. Alguns pesquisadores acreditam que a sensação de depressão pode ser a forma como nosso cérebro nos ajuda a evitar uma infecção ou conserva nossa energia para tratá-la.

Em resumo, aquilo que geralmente vem à mente quando pensamos em nosso sistema imunológico — anticorpos, células B e T — é, na verdade, apenas um aspecto dele. Outro aspecto é o nosso comportamento, através do qual o cérebro gera sentimentos que nos fazem recuar diante do risco de infecção. E como o corpo, que ainda acredita que estamos na savana, interpreta o estresse como um risco aumentado de infecção, ele considera o estresse prolongado uma ameaça iminente e duradoura de ferimentos e infecções. Para lidar com essa ameaça, o cérebro responde criando sentimentos que nos levam a nos retrair e a ficar mentalmente paralisados — em outras palavras, à depressão.

Tendo chegado a este ponto, talvez você esteja pensando: *Sim, essa teoria até parece razoável, mas como saber se é realmente assim que funciona?* Então vamos examinar as pesquisas mais de perto.

INFLAMAÇÃO E SENSAÇÃO DE ESTAR DOENTE

Por muito tempo, pesquisadores da área da medicina acreditaram que o cérebro e o sistema imunológico fossem totalmente separados, e que um nunca poderia afetar o outro. Se uma ferida na pele é infectada, um grupo de proteínas conhecidas como citocinas se forma, e isso garante que o sistema imunológico comece a atacar a infecção. Mas essas citocinas também têm outro papel importante: sinalizar ao resto do corpo que há uma infecção. Até o século XXI, os livros de medicina afirmavam que as citocinas poderiam enviar o "alerta infecção!" para todos os órgãos do corpo, com uma exceção crucial: o cérebro. Acreditava-se que, devido à desconexão com o sistema imunológico, esses sinais não poderiam chegar ao cérebro. Pesquisas médicas do início dos anos 2000 mostraram que isso é um equívoco quando se descobriu que, na verdade, as citocinas podem entrar no cérebro. Portanto, o cérebro *pode* captar sinais de que há inflamação em algum lugar do corpo. Do ponto de vista médico, essa descoberta foi impactante, e intensificou as pesquisas em psiquiatria à medida que os pesquisadores tentavam identificar se uma inflamação no corpo poderia afetar a forma como nos sentimos e nos comportamos.

Os primeiros testes foram realizados em camundongos. Quando recebiam injeções com citocinas, eles se retiravam e se comportavam de uma maneira que, em humanos, seria interpretada como depressão. Em seguida, os testes foram realizados em humanos e geraram os mesmos resultados: após a injeção, os participantes se sentiram tristes e indispostos.

Outra pista veio de pacientes que estavam recebendo tratamento para a hepatite C. Na década de 1990, um novo tratamento muito bem-sucedido para a doença foi desenvolvido: administrava-se aos pacientes uma substância tipicamente produzida por glóbulos brancos durante uma infecção viral. Curiosamente, cerca de um terço desses pacientes ficou deprimido; apesar de receber tratamento para uma doença potencialmente fatal, eles não sentiram alívio, mas sim desânimo. Após o tratamento, essa sensação em geral passava. Fenômeno semelhante foi observado em diversas pessoas vacinadas contra a febre tifoide. Por um curto período, elas se sentiam desanimadas, muitas vezes logo após receber a vacina.

Em resumo, no início dos anos 2000, uma série de sinais apontava uma ligação entre o sistema imunológico e o cérebro. Ao contrário do que os pesquisadores acreditavam antes, o cérebro e o sistema imunológico não pareciam estar separados, mas de fato ligados de forma complexa. A atividade no sistema imunológico parecia ter o potencial de afetar a saúde mental, e um aumento na atividade imunológica parecia ser um fator contribuinte para a depressão. Essas suspeitas foram reforçadas quando se descobriu que os níveis de citocinas pró-inflamatórias no líquido cerebrospinal — o que envolve o cérebro e a medula espinhal — eram maiores naqueles que estavam deprimidos.

A DESCOBERTA QUE PASSOU NO TESTE DE ESTRESSE

Quando se trata de novas descobertas quentíssimas nas pesquisas em medicina, há sempre o risco de que as expectativas sejam exageradas. Não é incomum que, quando uma descoberta espetacular é testada em grandes estudos envolvendo milhares de indivíduos, os achados não cumpram sua promessa. No início da década de 2010, a pesquisa sobre as ligações entre o sistema imunológico e a depressão deu um salto de experimentos pequenos e promissores para estudos importantes. Mas, dessa vez, as esperanças não foram reduzidas a pó.

Quando pesquisadores dinamarqueses analisaram os dados de 73 mil pessoas, descobriram que aqueles que sofriam de sintomas mais leves de depressão, fadiga e baixa autoestima muitas vezes tinham altos níveis da proteína C reativa (PCR), um marcador de inflamação. Quanto maiores os níveis de PCR, mais sintomas havia. Verificou-se também que pessoas que apresentavam níveis elevados de PCR eram mais propensas a serem internadas por depressão e receberem prescrição de antidepressivos. Além disso, os pesquisadores descobriram que pessoas com depressão parecem ter uma temperatura corporal ligeiramente elevada, ou seja, uma febre bem baixa. Essa pode ser uma forma de afastar a infecção, pois se acredita que a principal função da febre seja impedir a multiplicação de bactérias e vírus no corpo.

A peça final e crucial do quebra-cabeça que apontou para uma ligação entre a depressão e o sistema imunológico veio da genética. Abri este capítulo dizendo que não há *um* gene da depressão, mas que muitos genes diferentes desempenham um papel no risco de desenvolver depressão. Na verdade, em um grande estudo, 44 genes diferentes foram identificados e relacionados à depressão. Muitos deles afetam o cérebro e o sistema nervoso, o que não é particularmente surpreendente. Seria de se esperar que os genes relacionados ao risco de depressão também afetem o cérebro. No entanto, vários desses genes também afetam o sistema imunológico. Eles parecem ter duas funções: aumentar o risco de depressão e pôr o sistema imunológico em ação.

A VIDA MODERNA SEQUESTRA NOSSOS MECANISMOS DE DEFESA

A fim de entender por que tomar consciência da relação entre o sistema imunológico e a depressão é tão importante para nos sentirmos o melhor possível mentalmente, devemos começar dissecando dois conceitos que muitas vezes são confusos: infecção e inflamação.

Uma *infecção* ocorre quando o corpo é exposto a patógenos como bactérias ou vírus.

A *inflamação* é a resposta do corpo a basicamente todos os estímulos — tudo, desde pressão, feridas e toxinas até um ataque bacteriano ou viral. Uma inflamação pode ser causada por uma infecção, mas também pode significar outra coisa. Coce o braço até aparecer uma marca vermelha: inflamação. Deixe a faca escapulir e corte o dedo enquanto fatia o pão: inflamação. Seu pâncreas vaza fluido digestivo para a cavidade abdominal, pondo sua vida em risco: inflamação.

Não importa onde haja inflamação no corpo, as células afetadas pelo tecido danificado, pela pressão, por bactérias ou vírus emitem um sinal de socorro na forma de citocinas. Isso aumenta o fluxo sanguíneo para a área afetada, de forma que os glóbulos brancos possam alcançar e combater quaisquer intrusos. O aumento do fluxo sanguíneo leva ao inchaço, que pressiona os nervos e deixa a área dolorida.

Como a inflamação é um componente central para muitas doenças, podemos facilmente ser enganados e acabar pensando que seria melhor não a ter. Mas nada poderia estar mais distante da verdade. Sem inflamação, não sobreviveríamos. No entanto, como na maior parte da vida, é possível que, em excesso, algo bom faça mal. A inflamação que persiste por um período prolongado pode ser danosa. Ataque cardíaco, acidente vascular cerebral, reumatismo, diabetes, doença de Parkinson e doença de Alzheimer são apenas alguns dos problemas de saúde em que a inflamação de longo prazo desempenha um papel fundamental.

Em outras palavras, a inflamação crônica de longo prazo estabelece o alicerce para uma série de doenças graves. Onde quer que a inflamação ocorra no corpo, o processo é praticamente o mesmo: citocinas garantem o aumento do fluxo sanguíneo para a área inflamada. Isso levanta a questão: por que temos um calcanhar de Aquiles tão grande — algo que poderia potencialmente colocar em risco vários órgãos? A evolução falhou? Nada disso. A inflamação existe para nos proteger das ameaças que nossos ancestrais enfrentavam quando eram jovens, como infecções bacterianas e virais mortais. Doenças causadas por inflamações de longo prazo muitas vezes surgem em idade avançada, e, como sabemos agora, nos desenvolvemos para sobreviver àquilo que atingiu nossos ancestrais na juventude. No equilíbrio evolutivo, a proteção que a inflamação oferece contra bactérias e vírus supera a ameaça de doenças em uma idade que, historicamente, a maioria das pessoas nunca viveu para ver.

Mas o que é ainda mais importante é que os desencadeadores da própria inflamação mudaram. Ao longo de quase toda a história da humanidade, é provável que as inflamações tenham sido causadas sobretudo por infecções virais e bacterianas, feridas e lesões. Hoje, no entanto, muitos aspectos do nosso estilo de vida também podem levar à inflamação. Por exemplo, já foi comprovado que ficar sentado por longos períodos causa inflamação nos músculos e tecido adiposo. Da mesma forma, o estresse prolongado (novamente, aquele que dura meses ou anos, em oposição a dias ou semanas) parece aumentar o grau de inflamação em todo o corpo. A falta de sono e as toxinas ambientais têm o mesmo efeito. Alimentos processados levam à inflamação no estômago e intestino; a obesidade e o sobrepeso, à inflamação no tecido adiposo; e o tabagismo, à inflamação nos pulmões e no trato respiratório.

O que historicamente causava inflamação — bactérias, vírus e ferimentos — costumavam ser aflições temporárias, enquanto as causas atuais — um estilo de vida sedentário, obesidade, estresse, junk food, tabagismo e toxinas ambientais — tendem a ser duradouras. Como resultado, um processo corporal que antes era de curta duração agora ocorre por mais tempo do que o pretendido. Nada disso seria necessariamente um problema se o corpo pudesse determinar a causa da inflamação, poupando, assim, o sistema imunológico de uma mobilização desnecessária. O problema é que, ao que parece, o corpo entende que "inflamação é inflamação", agrupando todas as suas formas e confundindo fatores de estilo de vida com ataques de vírus e bactérias.

Assim como o corpo não consegue determinar se uma inflamação é causada por uma infecção ou por fatores de estilo de vida, isso vale também para o cérebro. Fontes modernas de inflamação enviam o mesmo sinal para o cérebro do que vírus e bactérias. Quando esse sinal se mantém aceso por um longo tempo, o que tende a acontecer diante de fontes modernas de inflamação, a mensagem que o cérebro recebe é: "Estou em uma situação de risco de morte e sob ataque constante!" O cérebro responde diminuindo nosso ânimo, de modo que nos afastamos. Ficamos paralisados mentalmente. Isso pode continuar por um período prolongado, já que as fontes modernas de inflamação não desaparecem simplesmente. O resultado é uma estagnação mental prolongada — ou depressão. A depressão é, portanto, uma das muitas doenças que podem ser causadas pela inflamação.

PRINCIPAIS FONTES DE INFLAMAÇÃO HOJE

Vamos dar uma olhada em duas das principais fontes de inflamação do nosso tempo: o estresse prolongado e a obesidade. A relação entre estresse e inflamação é um pouco complicada. O principal hormônio do estresse no corpo, o cortisol, mobiliza energia, mas também pode atenuar a inflamação. Quando um cão feroz late para você, seus níveis de cortisol aumentam para proporcionar aos músculos a energia de que precisam para correr a toda velocidade. Mas, quando o perigo passa, o cortisol serve a outro propósito: atenuar a inflamação no corpo. Em outras palavras, o cortisol controla quando a inflamação deve ser "desativada".

Quando estamos expostos ao estresse prolongado, andamos por aí com níveis elevados e constantes de cortisol no sangue, e nosso corpo acaba se acostumando com esses níveis. Como consequência, o corpo para de reagir ao cortisol, que, assim, perde sua capacidade de atenuar a inflamação. É como pedir socorro à toa repetidas vezes — no fim, ninguém se importa. Então por que isso é tão importante? Bem, porque inflamações leves surgem o tempo todo — pequenos cortes na pele, digamos, ou microlesões musculares, ou danos aos vasos sanguíneos. Isso é bastante comum. Embora o cortisol normalmente garanta que essas inflamações fiquem sob controle, se o corpo parar de reagir a ele, elas continuarão se agravando, aumentando o grau de inflamação. É isso que acontece em casos de estresse prolongado. Mas não se precipite, nem todo estresse é perigoso: pelo contrário, o estresse é crucial para nossa sobrevivência. A questão é que o nosso corpo não foi feito para ter o sistema de estresse "acionado" o tempo todo.

A palavra-chave aqui é "recuperação", e, nesse caso, isso tem a ver com desligar a mobilização biológica de energia causada pelo estresse. A maioria de nós lida bem com o estresse, desde que tenha tempo para se recuperar. A quantidade de tempo necessária é diferente para cada indivíduo, mas, segundo uma regra geral, com uma carga de trabalho normal, as dezesseis horas que temos entre dois turnos de trabalho costumam ser suficientes. Quando a carga de trabalho é mais pesada, é preciso mais tempo de recuperação, como fins de semana e feriados prolongados de vez em quando. Na recuperação, o objetivo é priorizar o sono, o descanso e o relaxamento, e minimizar outras obrigações.

Juntamente ao estresse prolongado, a obesidade é o outro fator que cria a maior parte da inflamação no corpo. Nosso tecido adiposo não é uma reserva passiva de energia; ele envia sinais para o resto do corpo ao liberar citocinas que ativam o sistema imunológico. É possível indagar por que o corpo mobiliza o sistema imunológico contra suas próprias reservas de energia, aparentemente considerando a si mesmo como uma ameaça. Embora ninguém tenha uma resposta definitiva, uma possibilidade é que a obesidade tenha sido quase inexistente ao longo de nossa história. Por conseguinte, o corpo interpreta a corpulência abdominal como algo estranho e tenta combater os quilos "invasores" ao redor da cintura com inflamação.

A obesidade tem sido associada a um risco aumentado de depressão e, embora isso possa estar ligado ao estigma em torno do excesso de peso, também é possível, pelo menos em parte, que a inflamação nos tecidos adiposos aumente o risco de depressão.

Vamos resumir tudo. Você e eu evoluímos para viver como caçadores-coletores. Nosso estilo de vida moderno e sedentário, sob estresse constante, cria um grau de inflamação maior do que o corpo foi constituído para suportar. Isso é interpretado pelo cérebro como uma ameaça, pois é isso que a inflamação significou em quase toda a história da humanidade, e, como resultado, ele considera que estamos sob ataque constante. Portanto, o cérebro tenta fazer com que nos afastemos e, para isso, influencia nossas emoções — que estão lá, afinal, para guiar nosso comportamento. O cérebro reduz nosso ânimo, o que nos leva a nos sentirmos tristes e indispostos e, por fim, a nos afastarmos. Em outras palavras, a inflamação atua como uma espécie de termostato para nossos sentimentos: quanto mais inflamação temos, pior nos sentimos. Para alguns de nós, esse termostato parece particularmente sensível — determinado, em parte, por nossos genes —, o que aumenta nossa suscetibilidade à depressão.

Isso significa que todas as pessoas com depressão têm um processo inflamatório no corpo? Não. A inflamação é uma das *diversas* causas de depressão, não a única. Acredita-se que cerca de um terço de todas as depressões seja causado por inflamação. Você pode estar pensando: bem, se for esse o caso, então medicação anti-inflamatória pode ajudar a tratar a depressão, certo? Há muitas evidências que sugerem isso. Os medicamentos que bloqueiam a formação de citocinas pró-inflamatórias têm algum sucesso no tratamento da depressão, mas não o suficiente para atuarem sozinhos. No entanto, eles parecem potencializar o efeito de outros medicamentos antidepressivos, desde que a depressão tenha uma causa inflamatória; caso contrário, seu efeito é insignificante.

AMPLIAÇÃO DAS PERSPECTIVAS

Quase todos os meus pacientes com depressão já se perguntaram o que pode ter desencadeado a doença. A maioria suspeita de fatores sociais — relações interpessoais, algo acontecendo no trabalho ou na escola — e, sob essa luz, certamente seria difícil entender a que propósito a depressão poderia servir. No entanto, como descrevi neste capítulo, também devemos encarar a depressão sob uma perspectiva fisiológica e em termos de nossa relação com bactérias e vírus. Ao fazer isso, não devemos considerar a ameaça relativamente modesta que eles representam para nós agora, mas sim o fato de que eles ceifaram a vida de todos os outros humanos por 99,9% do nosso tempo na Terra. Os sintomas de depressão, portanto, podem ser um mecanismo subliminar de defesa que já nos salvou de uma série de infecções. Na sociedade moderna, no entanto, os gatilhos acionados por fatores de estilo de vida colocam esses mecanismos em marcha acelerada. Aprendi algumas coisas ao adotar uma visão *fisiológica*, e não apenas psicológica, da depressão. Em termos biológicos, a depressão não é mais estranha do que a pneumonia ou o diabetes. Nem a pneumonia, nem o diabetes ou a depressão têm a ver com falta de caráter, então encorajar alguém que está deprimido a "se animar" é tão absurdo quanto dizer para quem está com pneumonia recuperar o fôlego, ou dizer para alguém com diabetes diminuir o açúcar no sangue. Do mesmo modo que se costuma procurar atendimento médico para pneumonia ou diabetes, esse deve ser o procedimento para depressão.

É claro que aprender mais sobre a biologia por trás dos tipos de depressão e por que eles ocorrem não significa que podemos superá-los automaticamente. Mas pode ser um bom começo. Saber como os processos imunológicos afetam o meu cérebro e o modo como me sinto me fez levar mais a sério conselhos de estilo de vida já bem batidos. Você sabe tão bem quanto eu que nos sentimos melhor quando nos exercitamos, dormimos o suficiente e tentamos reduzir o estresse imprevisível e prolongado. Mas esse conselho ganha um significado mais profundo quando percebemos seu fundamento biológico. Quando entendemos que o exercício, o sono, a redução do estresse e a recuperação contribuem para reduzir a inflamação, o que, por sua vez, impede que o cérebro receba sinais que ele possa interpretar equivocadamente como um ataque, é mais provável que priorizemos esses cuidados. No entanto, isso não significa que tudo o que neutraliza a inflamação, como certos alimentos, funciona no tratamento da depressão. Infelizmente, não é assim tão simples.

Esse conhecimento também nos ajuda a entender por que uma situação de trabalho que nos expõe ao estresse imprevisível de segunda a segunda pode levar à depressão. Reagir a tais circunstâncias com apatia ou retração não é um sinal de doença; é *saudável*. Em tais circunstâncias, a melhor solução costuma ser mudar a situação de trabalho. É claro que sei que falar é fácil, mas uma reação anormal a uma situação anormal é um comportamento normal, e não um sinal de que você tem uma doença no cérebro.

A escuridão vai passar, mesmo que agora isso não pareça possível. É assim que funciona.

No capítulo anterior, mencionei que encarar a ansiedade sob a perspectiva do cérebro é bastante valioso, pois isso nos torna menos inclinados a sentir que há algo errado conosco. Isso também se aplica à depressão. Da perspectiva do cérebro, podemos ver que não somos "objetos danificados", e que as depressões são transitórias, já que todos os sentimentos passam. Quando a vida parece incomensuravelmente sombria, pode ser reconfortante lembrar a nós mesmos de que somos seres biológicos. A escuridão vai passar, mesmo que agora isso não pareça possível. É assim que funciona. E não estamos sozinhos, mas na companhia de pelo menos 280 milhões de outras pessoas.

Repetindo: nem todas as depressões podem ser explicadas por estresse e inflamação. Pode haver outras razões pelas quais ficamos deprimidos, razões que não têm nada a ver com a defesa contra bactérias e vírus, mas que, no entanto, servem a um propósito. Vamos dar uma olhada em uma delas agora.

SEIS MESES DE INDECISÕES VALIOSAS

Quando eu tinha 24 anos, decidi dar uma guinada na vida. Estava quase me formando em economia pela Stockholm School of Economics, e tinha estagiado em bancos de investimento e empresas de consultoria. Ao mesmo tempo, no entanto, eu me questionava se essa carreira de fato me levaria a um caminho com o qual eu me identificasse. Esse questionamento, cuja semente fora plantada no meu primeiro dia de aula na faculdade e que só aumentou ao longo dos anos, se tornara impossível de ignorar.

O futuro que eu planejara para mim mesmo parecia sem vida. O que quer que eu quisesse realizar — cada desafio, cada conquista —, tudo se resumia a uma coisa: quem tem mais dinheiro vence. No mundo profissional em que eu estava prestes a ingressar, *tudo* se resumia a dinheiro. Era assim que eu queria viver a vida? Ou eu deveria largar tudo e começar de novo?

Hoje consigo enxergar que essa questão é a própria definição de um problema de luxo. Avaliar se vai recusar um banquete de oportunidades ainda no início da carreira não é exatamente uma crise de vida. Também consigo ver que a decisão deveria ter sido fácil; a única coisa em jogo era uma mudança de curso na universidade, e eu ainda era muito jovem. Mas, sob minha ótica competitiva e doentia aos 24 anos, eu poderia muito bem estar com meio caminho andado para a aposentadoria. Na época, parecia algo grandioso mudar de rumo tão "tarde" na vida, e o fato de que significaria perder quatro anos não tornou minha decisão mais fácil de tomar.

Passei um inverno e uma primavera inteiros recluso. Inquieto e sem conseguir dormir, a questão não saía da minha cabeça. Refletia muito sobre o assunto, tomava uma decisão e depois mudava de ideia. E então mudava de novo, e de novo. Eu me sentia deprimido e desmotivado no geral, e tinha dificuldade de me concentrar em qualquer coisa além de minhas ruminações, ainda que as guardasse todas para mim. Um ano depois, entrei no grande auditório do Karolinska Institutet para começar a estudar medicina. Em retrospecto, posso ver que essa foi uma das decisões mais importantes que já tomei, e muitas vezes me pergunto se foi o meu período de baixo-astral que me possibilitou dar esse passo.

Como psiquiatra, observei que muitos dos meus pacientes que enfrentam problemas de saúde mental também estão lidando com decisões grandes e importantes. Eles raramente formulam isso explicitamente, mas, quando eu pergunto, quase sempre acerto em cheio. Uma mulher me disse que estava pensando em deixar o parceiro. Um homem estava pensando em deixar um emprego estável para mudar de carreira. Outro paciente vinha se candidatando à escola de teatro havia anos e, depois de uma série de tentativas malsucedidas, estava agora considerando desistir de vez de seu sonho de atuar. Toda vez que encontro um paciente assim, reconheço meu eu hesitante de 24 anos. A questão ronda a cabeça deles sem parar. Refletem muito sobre o assunto, tomam uma decisão e depois mudam de ideia. Mudam de novo e de novo. O tempo todo se sentindo tristes.

Ao acompanhá-los ao longo de vários anos, fiquei impressionado com a forma como as coisas se resolvem para a maioria deles, assim como aconteceu comigo. Como eu, muitos deles sentem que, por mais desagradável que tenha sido, esse período de ponderação e hesitação foi essencial para que pudessem tomar essa grande decisão — como se o que estivesse faltando fosse levar a situação para o lado emocional. Afinal, a vida é uma longa série de decisões e, na maioria delas, o piloto automático do nosso cérebro funciona muito bem. No entanto, algumas decisões não podem ser tomadas de forma leviana. Será que o cérebro funciona de maneira diferente quando confrontado com decisões que mudam nossa vida? Os sintomas da depressão podem ser uma forma de nos protegermos das distrações do dia a dia para que possamos dedicar toda a nossa energia a ponderar sobre um assunto importante?

Naturalmente, minha experiência pessoal está longe de ser suficiente aqui, então vamos voltar às pesquisas mais uma vez. É interessante observar que há estudos que exploram de que modo a maneira como nos sentimos afeta nossas faculdades mentais. Em um desses estudos, as crianças assistiram a videoclipes e escutaram músicas que as deixavam ora alegres, ora bem tristes. Depois, elas realizaram um teste psicológico, cuja tarefa era encontrar rapidamente padrões em uma figura, algo que exigiu atenção aos detalhes. Pessoalmente, eu teria esperado que as crianças alegres tivessem um desempenho melhor, mas o oposto se mostrou verdadeiro: as crianças alegres tiveram um desempenho *pior* do que as tristes. Uma interpretação possível é que paramos de procurar falhas quando nos sentimos bem — por que buscar problemas quando não há nenhum? Quando nos sentimos bem, temos a tendência de processar informações mais gerais em detrimento das letras miúdas. É curioso, mas parece que somos um pouco mais facilmente enganados quando estamos felizes — talvez por não analisarmos os detalhes com um olhar tão crítico. Quando estamos tristes, no entanto, fazemos o oposto: processamos as informações com um pente-fino, procurando falhas.

É óbvio que um estado mental alegre ou triste induzido pela música não é a mesma coisa que estar feliz ou deprimido, mas os estudos ainda revelam algo interessante: a maneira como nos sentimos parece andar de mãos dadas com nossas faculdades mentais. E as faculdades de que precisamos variam em certos momentos. Às vezes, podemos precisar de habilidades críticas e meticulosas de resolução de problemas — a capacidade de parar e pensar, analisar com mais cautela ameaças e desafios e ponderar questões repetidas vezes até serem resolvidas. Nesse ponto, o cérebro nos faz sentir tristes porque estar de baixo-astral anda de mãos dadas com as capacidades cognitivas de que precisamos.

Em outras ocasiões, é melhor ver o todo e ser mais proativo e aberto ao risco; nesses cenários, o cérebro nos faz sentir bem, porque um humor positivo (ou "alto-astral") nos permite adotar essas características.

A tal da reclusão, que poderia ser a estratégia do nosso cérebro ao analisar um problema capaz de mudar a vida de alguém, é conhecida como "hipótese da ruminação analítica". Eu nunca vou saber se passei por isso naquele inverno e primavera cerca de vinte anos atrás. Não acho que a melancolia apática seja sempre boa para nós; pelo contrário, muitas vezes pode ser destrutiva ou até mesmo nos paralisar frente a uma decisão. No entanto, acredito que pode ser benéfico ter esse tipo de faculdade mental que anda de mãos dadas com a depressão em nosso repertório mental, da mesma forma que tem sido benéfico para nós sermos capazes de sair correndo quando precisamos.

Isso soa muito esquisito? Reflita então se em algum momento da vida você se sentiu deprimido e talvez retraído, e se esse período acabou levando-o a algo que valesse a pena. Talvez você tenha tomado uma decisão sobre um tema que havia muito o incomodava. Talvez você não sinta remorso de ter vivido essa experiência porque aprendeu algo com ela. Talvez você tenha passado por isso, talvez não. O fato de algo poder ser útil não significa que sempre seja.

Portanto, pode haver razões completamente saudáveis pelas quais o cérebro escolha deixá-lo triste a ponto de ter depressão, o que não tem nada a ver com estresse ou uma defesa ancestral contra bactérias e vírus. Dito isso, a maioria das coisas relacionadas ao cérebro é complexa, o que é particularmente verdade quando se trata de depressão. Muitas vezes, pode ser difícil dar uma resposta definitiva sobre a razão pela qual alguém pode estar deprimido. A realidade não é preto no branco, mas tem infinitas nuances. Não podemos dizer que *todas* as depressões servem a um propósito ou são causadas por inflamação ou por reflexões sobre escolhas capazes de mudar nossa vida. Ainda assim, nessa escala de cores que começa com um estresse psicossocial bastante manejável e termina com mecanismos de defesa biológica que são difíceis de controlar, muitas vezes subestimamos a importância da biologia. Mesmo que a maioria das depressões contenham algum nível de reflexão disfuncional que não serve para nada, às vezes elas também podem trazer um afastamento que nos dá espaço para tomar decisões que podem mudar a nossa vida.

Se relacionamos automaticamente a presença da ansiedade ou da depressão com um defeito ou doença, esquecemos que o objetivo principal do cérebro é a sobrevivência, não o bem-estar. Claro, isso não muda o fato de que a depressão e a ansiedade podem incapacitar, destruir e matar pessoas. Nos capítulos seguintes, analisaremos mais de perto alguns aspectos cruciais para o tratamento e, acima de tudo, para a prevenção da depressão e a prevenção da ansiedade sob a perspectiva do cérebro. Começaremos com algo que talvez você associe ao tédio, mas que, historicamente, tem sido uma sentença de morte quase certa: a solidão.

CAPÍTULO 5
SOLIDÃO

A alma estremece diante do vazio
e busca contato a todo custo.
HJALMAR SÖDERBERG, *DOUTOR GLAS*

IMAGINE UM ESTADO CLÍNICO que afeta mais de um terço de nós, e que para um em cada doze indivíduos é tão agudo que chega a ser tão perigoso quanto fumar um maço de cigarro por dia. Esse estado existe. O nome é solidão. Uma das mais inesperadas descobertas científicas na área médica das últimas décadas é que amigos e parentes não apenas tornam nossa vida mais completa, mas também mais longa e saudável. O lado negativo é que a ausência deles coloca nossa saúde em risco. Neste capítulo, analisaremos mais de perto como a solidão nos afeta e por que seu impacto no cérebro e no corpo é tão poderoso. E, é claro, veremos o que podemos fazer a respeito.

Mas, antes de prosseguirmos, o que é a solidão, exatamente? Em uma definição mais objetiva que o normal — até mesmo para o jargão médico —, ela é descrita como "uma disparidade preocupante entre o nível desejado e o nível experimentado de interação social". Essa acepção enfatiza um ponto importante: a solidão é a diferença entre quanta interação social temos e quanta gostaríamos de ter. Como as necessidades sociais diferem de uma pessoa para outra, não é possível quantificar a solidão pelo número de amigos do Facebook, de convites para jantar, de cartões de Natal ou de telefonemas que recebemos. Particularmente, fico tranquilo com a minha própria companhia e não preciso de muitas pessoas ao meu redor para me sentir bem, enquanto vários dos meus amigos entram em pânico se tiverem que passar algumas horas sozinhos. A solidão é, portanto, subjetiva e *não* é o mesmo que estar sozinho. Podemos sentir uma poderosa sensação de proximidade com os outros mesmo quando estamos sozinhos, e podemos nos sentir isolados com muitas pessoas ao redor. Em suma: se você se sente solitário, você está solitário. Se não se sente, você não está — independentemente de como esteja a sua vida social.

Se você está preocupado com o impacto que momentos curtos de solidão podem ter na saúde, deixe-me tranquilizá-lo: são necessários longos períodos de tempo — por exemplo, alguns meses ou anos — para que o risco de doença aumente. Sentir-se solitário por breves intervalos não só não é perigoso, como também é quase impossível evitar. A solidão é uma faceta natural da nossa biologia e algo que quase todos experimentamos em certas fases da vida. Esperar nunca sentir solidão é tão irreal quanto esperar nunca ter ansiedade.

SOLIDÃO E DEPRESSÃO

Não é nenhuma surpresa que a solidão aumenta o risco de depressão, mas a maioria das pessoas não percebe a relação próxima entre depressão e solidão. De acordo com um estudo, pessoas com depressão têm dez vezes mais chances de se sentirem solitárias do que a população em geral. Depois de apenas alguns meses trabalhando como psiquiatra, fiquei impressionado com a quantidade de pacientes — de vinte e poucos anos, de meia-idade ou mais velhos — que se sentiam solitários e isolados. Alguns estavam nesse estado havia algum tempo, mas, para a maioria, a solidão parecia coincidir com a depressão. Isso me fez questionar se diferentes formas de depressão são consequência da solidão ou a causa de nos retrairmos e nos isolarmos. O que vem primeiro: depressão ou solidão?

Um grupo de pesquisadores na Austrália estudou mais de cinco mil pessoas na média etária de cinquenta anos. Os participantes responderam a uma série de perguntas sobre como estavam se sentindo e em quantos grupos sociais estavam inseridos. Os grupos podiam ser organizações sem fins lucrativos, associações políticas ou religiosas, ou apenas um grupo de pessoas com um *hobby* em comum: desde clubes do livro, corais, grupos de culinária, círculos de costura e clubes esportivos a congregações, encontros de donos de cachorro, de jogadores de xadrez e até aquela pelada com colegas de trabalho.

Dois anos depois, as mesmas pessoas foram convidadas a responder às perguntas mais uma vez. Alguns dos participantes que mostraram sinais de depressão na primeira pesquisa não o fizeram na segunda. Dos participantes que relataram melhora, uma grande porcentagem tinha se envolvido em um ou mais grupos sociais nos dois anos de intervalo entre as pesquisas. Tentar combater a solidão procurando e se envolvendo em grupos sociais estava, portanto, relacionado a melhores perspectivas de recuperação. Esse é um sinal de que a solidão muitas vezes — embora, é claro, nem sempre — aparece primeiro e depois vem a depressão. Se a solidão for interrompida, há uma chance maior de que a depressão passe.

O que é interessante sobre esse estudo não é apenas que o impacto dos grupos sociais foi significativo, mas que aumentou de acordo com o número de grupos em que os participantes estavam envolvidos. Aqueles que estavam integrados em um grupo social tiveram um risco 24% menor de depressão, enquanto quem fazia parte de três grupos teve uma redução de 63% no risco. Com números como esses, é possível inferir facilmente que o isolamento e a solidão podem ser fatores com importante contribuição para os tipos de depressão que vemos hoje. De fato, há muitos indícios de que seja esse o caso. Um estudo ambicioso que acompanhou cerca de 4.200 participantes ao longo de doze anos revelou que quase 20% de todas as depressões em pessoas com cinquenta anos ou mais decorriam da solidão. Os pesquisadores relataram que um em cada cinco participantes com depressão desenvolveu a doença como consequência da solidão.

UM ACHADO SURPREENDENTE

O cérebro não é o único afetado pela solidão; o restante do corpo também é. Um grupo de pesquisadores decidiu investigar por que algumas pessoas que sofrem de doenças cardíacas sobrevivem enquanto outras não. Eles acompanharam mais de treze mil indivíduos que sofreram um ataque cardíaco ou que tinham arritmia, insuficiência cardíaca ou doença valvar cardíaca. Os participantes tiveram que revelar se fumavam ou consumiam álcool, o histórico de doenças da família e seu estado geral de saúde. Também responderam a algumas perguntas inesperadas sobre se eles se sentiam sozinhos com muita frequência, e se tinham alguém com quem conversar se precisassem.

Alguns anos depois, os pesquisadores descobriram que as pessoas com doenças cardíacas que fumavam e bebiam em excesso tinham maior risco de morte, assim como quem se sentia solitário. Independentemente do tipo de doença cardíaca, o risco de morte era quase duas vezes maior em indivíduos que se sentiam solitários. Será que isso poderia ser causado pelo fato de que pessoas solitárias levam uma vida menos saudável? Afinal, solitários tendem a não ter alguém por perto para lhes dizer que é bom sair e se exercitar, parar de fumar ou de consumir junk food. Para esmiuçar essa possibilidade, os pesquisadores desconsideraram a atividade física, o tabagismo e a comida dos cálculos. Mesmo assim, a solidão ainda era um fator contribuinte para a morte precoce. Parecia ser perigosa *por si só.*

O mesmo padrão sombrio surgiu em uma pesquisa com quase três mil mulheres com câncer de mama. O número de mortes foi muito maior entre aquelas que eram solitárias e socialmente isoladas. Quando foram reunidos dados de 148 estudos, envolvendo uma soma de mais de trezentos mil participantes, a presença de amigos e redes de apoio social estava tão fortemente ligada a um risco reduzido de morte após um acidente vascular cerebral ou um ataque cardíaco que ficou em pé de igualdade com fatores preventivos muito importantes e bem conhecidos, como parar de fumar e praticar atividade física regularmente. Em outras palavras, tratando-se da principal causa de morte no Ocidente, isto é, as doenças cardiovasculares, e da quarta causa mais comum, o acidente vascular cerebral, a solidão provocou um risco aumentado de morte tão grande que passou a ser comparável ao tabagismo. Dadas essas descobertas, vários investigadores concluíram que a solidão é tão perigosa quanto fumar quinze cigarros por dia. Quando li isso pela primeira vez, fiquei chocado. Como a solidão pode ser prejudicial ao corpo?

SOLIDÃO: LUTA OU FUGA

Como sabemos, o cérebro controla os órgãos do corpo com a ajuda de muitos nervos. A maior porção desse processo está além do nosso controle — não é necessário pensar em como o cérebro, intestinos ou fígado devem fazer seu trabalho. Essa parcela involuntária do sistema nervoso, o sistema nervoso autônomo, é formada por duas partes: os sistemas nervosos *simpático* e *parassimpático*. O sistema nervoso simpático está associado à nossa resposta de luta ou fuga, e é ativado se ficamos assustados, com raiva ou feridos. Isso faz com que nossos batimentos cardíacos acelerem e a pressão arterial aumente enquanto o sangue é enviado para nossos músculos, para que estes fiquem de prontidão para agir, ou seja, partir para o ataque ou fugir.

Em contraposição ao sistema simpático, temos o sistema parassimpático, associado à digestão e à calma. Essa parte do sistema nervoso é ativada quando expiramos devagar, conforme mencionado brevemente no capítulo sobre ansiedade. O sistema nervoso parassimpático reduz os batimentos cardíacos e envia sangue para o estômago e intestinos, a fim de digerir os alimentos. Ambas as partes do sistema nervoso autônomo estão ativas dentro de nós agora mesmo, e qual das duas exerce o papel dominante muda o tempo todo. Quando você corre para alcançar o ônibus ou se sente nervoso antes de uma apresentação importante, o sistema simpático assume o controle. Quando a apresentação termina e você se senta para almoçar, o parassimpático é o que domina.

Não seria absurdo pressupor que a solidão ativa o sistema nervoso parassimpático. Afinal, uma pessoa solitária tem tempo para relaxar e não precisa lutar com ninguém ou fugir. Mas, por mais estranho que possa parecer, o que acontece é o oposto. A solidão ativa o sistema nervoso simpático e está ligada à nossa resposta de luta ou fuga, em vez da calma ou da digestão.

O fato de a solidão prolongada preparar o corpo para lutar ou fugir é apenas a primeira de uma longa lista de descobertas aparentemente paradoxais a respeito da solidão. E isso inclui a descoberta de que consideramos nossos arredores e outras pessoas como mais ameaçadoras quando estamos solitários. Ficamos mais sensíveis às expressões faciais dos outros e as interpretamos de forma diferente. Expressões neutras parecem um pouco mais ameaçadoras, enquanto rostos ligeiramente antipáticos parecem muito hostis. O cérebro é hipersensível a sinais de que os outros podem nos ver negativamente, e isso significa que percebemos as pessoas ao nosso redor como se estivessem competindo conosco e indispostas a colaborar. Conhecidos passam a ser estranhos. Em suma, quando estamos sozinhos, o mundo se torna menos acolhedor e mais ameaçador.

A UNIÃO FAZ A FORÇA

É impossível dizer com certeza por que somos assim, mas, como de costume, encontramos uma explicação plausível se voltarmos no tempo. Em 99,9% de sua vivência na Terra, os seres humanos dependeram uns dos outros para sobreviver. Os poucos que sobreviveram a todos os perigos e desastres naturais — e dessa forma se tornaram nossos ancestrais — fizeram isso juntos. Você só está lendo este livro agora porque eles se uniram e protegeram uns aos outros. A união equivalia à sobrevivência, e isso significava que quem estava munido de um forte desejo de criar e nutrir laços sociais tinha melhores chances de sobreviver. Como descendentes desses sobreviventes, você e eu herdamos um instinto profundamente enraizado para criar e nutrir esses laços sociais. Em outras palavras, o cérebro recompensa a união com o bem-estar, mas por razões puramente egoístas: nossas chances de sobrevivência aumentam. Por outro lado, o desconforto que a solidão causa é a maneira de o cérebro nos dizer que precisamos atender às nossas necessidades sociais. Quando solitários, estamos em um estado que o cérebro interpreta como um risco maior de morte, e isso é precisamente o que a solidão tem significado para nós por quase toda a história da humanidade.

Essa perspectiva ajuda a entender por que a solidão está relacionada à resposta de luta ou fuga, e não à digestão e ao descanso. Do ponto de vista do cérebro, se estamos sozinhos, não temos ninguém para nos ajudar e, portanto, precisamos ficar atentos aos perigos. Adotamos um estado constante de alerta, o que resulta em um nível de estresse baixo e crônico: o sistema nervoso simpático é quem domina. O estresse prolongado, por sua vez, tem sido associado à pressão arterial elevada e ao aumento do grau de inflamação no corpo. Essa é uma explicação tanto possível quanto plausível para a relação entre a solidão e piores prognósticos de doenças cardiovasculares, entre outras.

Dessa forma, solidão significa que o cérebro aumenta seu estado de alerta e que nosso ambiente parece mais ameaçador do que é. Isso pode ter salvado nossas vidas historicamente, mas, para você e para mim, faz mais mal do que bem. Nossa vida social dificilmente melhorará se encararmos os outros como hostis; em vez disso, corremos o risco de parecer arrogantes e desagradáveis. Da mesma forma, desconfiar constantemente das intenções dos outros pode, portanto, nos afastar do convívio social: "Eles provavelmente não querem que eu vá à festa, então não devo ir." Isso acaba se tornando um círculo vicioso, em que vamos nos afastando e vemos o mundo ao nosso redor sob uma ótica cada vez mais negativa: "Eles definitivamente não querem que eu vá. Só me convidaram porque ficaram sem graça ou porque queriam algo de mim. Não vou de jeito nenhum."

Como se isso não bastasse, também foi provado que o sono se torna mais fragmentado quando nos sentimos solitários por um longo período. Não dormimos menos, mas o sono fica mais leve e acordamos com mais frequência. Parece duvidoso que alguém que dorme sozinho seja punido com períodos mais curtos de sono profundo. Se não tem ninguém se mexendo e se virando ao lado, por que acordar com mais frequência? Aqui, também, a perspectiva histórica nos oferece uma explicação provável. Se alguém estivesse dormindo sozinho, não teria ninguém para avisar sobre os perigos. Por isso, era importante ter o sono leve e reagir ao menor barulho.

PIOR DO QUE ACIDENTES

O cérebro compreende a solidão como um perigo, e isso ficou provado quando se solicitou que um grupo de participantes do estudo completasse um teste de personalidade previamente manipulado. Independentemente das respostas que davam, alguns participantes foram informados de que seus traços de personalidade davam indícios de que eles corriam um risco maior de se tornarem solitários. Outros foram informados de que seus traços de personalidade estavam associados a um risco maior de sofrer acidentes. E outros, de que seus traços de personalidade indicavam que eles tinham boas perspectivas de uma vida social intensa e com muitos amigos, e nenhum risco adicional de envolvimento em acidentes.

Imediatamente após os resultados serem revelados, os participantes fizeram uma série de testes cognitivos que avaliou seu QI, sua concentração e sua memória. Aqueles que foram informados de que corriam um risco de sentir solidão tiveram um desempenho pior nos testes do que aqueles que ficaram sabendo que levariam uma vida social intensa e livre de acidentes. É claro que isso não surpreende. Se ouvirmos que corremos o risco de nos sentir solitários, nosso cérebro imediatamente começa a analisar o que poderíamos fazer para evitar a exclusão. *Como posso evitar ser excluído do grupo?* A nossa concentração acaba oscilando e pode-se esperar um pior desempenho nos testes cognitivos. O mesmo aconteceu com aqueles que foram informados de que corriam o risco de se envolver em acidentes; eles também tiveram um desempenho pior nos testes. Isso também não surpreende: se descobrirmos que corremos o risco de sofrer um acidente, o nosso cérebro logo começará a analisar o que poderia fazer para evitá-lo. A concentração oscila, o que se reflete em piores resultados no teste.

O interessante é que os que foram informados de que seus traços de personalidade aumentavam o risco de solidão tiveram um desempenho pior nos testes do que quem foi informado de que tinha um risco maior de se envolver em acidentes. Do ponto de vista do cérebro, a perspectiva de ficar só parece representar uma ameaça maior do que potenciais acidentes. Consequentemente, a solidão é um estado que o cérebro faz de tudo para evitar, e que tem prioridade máxima até mesmo sobre os acidentes. Veja como estamos atentos aos sinais sociais que sugerem que podemos ser excluídos. *Por que ela não ligou? Por que não fui convidado para o casamento? Por que eles postaram uma foto de um piquenique e nunca perguntaram se eu queria ir?* Nossa dificuldade de banir esses pensamentos decorre do fato de que, ao longo de quase toda a história da humanidade, indícios de exclusão eram um sinal de que algo estava muito errado, e isso poderia até nos custar a vida, o que exigia ação imediata.

Na prática, excluir alguém — seja não convidando para uma festa ou ignorando sua presença — equivale, em essência, a enviar um sinal de que ele ou ela não pertence mais ao grupo. Isso é interpretado pelo cérebro como uma questão urgente — talvez até mesmo uma ameaça à sobrevivência — e impulsiona a atividade no sistema nervoso simpático. Por outro lado, incluir alguém — enviar um convite, ligar ou mandar mensagens — sinaliza pertencimento. No fundo da psique do destinatário, mecanismos antigos interpretarão isso como alguém que está lá para ajudá-lo caso algo aconteça. O cérebro não vê mais um risco maior de perigo, e o sistema nervoso simpático pode diminuir a marcha.

ISOLAMENTO versus INANIÇÃO

Pesquisadores do Instituto de Tecnologia de Massachusetts (MIT) deixaram voluntários presos em isolamento total por dez horas em salas sem janelas e sem acesso a telefones celulares. Posteriormente, realizaram uma ressonância magnética por imagem (RMI) para estudar o cérebro deles. Para garantir que os participantes não vissem uma única alma viva durante o experimento, eles haviam sido instruídos de antemão sobre como se posicionar sozinhos na máquina de ressonância magnética. Uma vez posicionados, os participantes viam imagens de pessoas passando tempo juntas. Ao ver as imagens, uma região profunda dentro do cérebro conhecida como a "substância negra" foi ativada. Quanto maior era o desejo que os participantes manifestavam de ver gente, e quanto mais ricas as experiências sociais que essas pessoas tinham, maior a ativação cerebral.

Os participantes foram então solicitados a jejuar por dez horas e fazer outra ressonância magnética, e dessa vez as imagens mostradas eram de alimentos. Curiosamente, o padrão de atividade na substância negra foi semelhante ao observado quando foram exibidas imagens de pessoas juntas. No entanto, o padrão de atividade diferia em outras partes do cérebro, como o sistema de recompensa, dependendo do que os participantes desejavam — comida ou companhia.

Os pesquisadores responsáveis pelo estudo acreditam que a substância negra envia um sinal *geral* de desejo, seja por comida, companhia ou qualquer outra coisa. A atividade em outras áreas do cérebro varia com base no que queremos. O fato de o cérebro empregar mecanismos neuronais semelhantes tanto para a fome quanto para o desejo de interação social sugere que, do ponto de vista do cérebro, o instinto de criar e nutrir relações sociais é tão fundamental para nós quanto comer.

PARECE FAMILIAR?

Por que dediquei boa parte deste capítulo a descrever como o cérebro reage à solidão? Bem, porque esse conhecimento é importante para combatê-la. Se você se sente solitário, vale a pena pensar se as ramificações psicológicas que acabou de ler correspondem à sua própria experiência. Talvez você veja o mundo como mais ameaçador e hostil do que realmente é, ou talvez você se veja sob uma ótica muito pior do que deveria. Se for esse o caso, é sinal de que seu cérebro está reagindo exatamente do jeito que tem de fazer.

Pergunte a si mesmo se essa interação com outra pessoa — a que você sentiu que não foi muito bem — foi de fato tão ruim. Quando você reagiu negativamente ao que um colega, amigo de escola ou transeunte aleatório disse, será que você não estava atribuindo importância demais ao lado negativo? A resposta aqui pode muito bem ser não, mas, quando nos sentimos solitários, pode ser uma boa ideia nem sempre dar ouvidos aos pensamentos, da mesma forma que é uma boa ideia não dar ouvidos a nossos pensamentos quando estamos ansiosos. Aprender mais sobre como a solidão nos afeta para combatê-la também é um conselho respaldado pela ciência. Quando os pesquisadores americanos compilaram os resultados de vários estudos que compararam diferentes abordagens para combater a solidão — desde treinamento de competência social até grupos de apoio —, o método mais eficaz encontrado foi aprender, sistematicamente e em terapia, sobre como a solidão afeta nossos padrões de pensamento e nossas percepções de nós mesmos.

Sem dúvida, reconhecer esses mecanismos é igualmente importante para ajudar os outros a superar a solidão. O fato de nossos semelhantes às vezes parecerem hostis e antipáticos não é necessariamente um sinal de que eles não gostam de você ou de que não querem a sua ajuda; poderia muito bem ser um sintoma de solidão.

O VALOR DOS PEQUENOS GESTOS

É claro que, na prática, não é nada fácil tentar enxergar a nós mesmos e nossos pensamentos a partir de uma perspectiva ampla para ver como a solidão nos afeta. O que nos resta fazer, então? No começo de 2021, quando o mundo inteiro estava assolado pelo isolamento e por lockdowns, um estudo ofereceu uma importante peça do quebra-cabeça. Um grupo de pesquisadores estudou 240 pessoas com idade entre 27 e 101 anos, a maioria das quais vivia sozinha e era considerada sob risco de experimentar a solidão a longo prazo. Os participantes foram questionados sobre a solidão e sobre o isolamento que vivenciavam e, com base em suas respostas, receberam um "escore da solidão". Depois disso, os participantes passaram a receber ligações algumas vezes por semana para falar sobre, bem... qualquer coisa. Os telefonemas costumavam durar, no máximo, dez minutos.

Após quatro semanas de telefonemas, os participantes responderam às mesmas perguntas, e um novo escore da solidão foi calculado: foi 20% mais baixo do que o anterior. Também foram observadas reduções na ansiedade e nos sintomas de depressão. Como um telefonema curto e ocasional poderia ter um efeito tão positivo? Será que os participantes estavam conversando com psicólogos com décadas de treinamento sobre como fornecer orientação perfeitamente equilibrada e afiada de acordo com as últimas pesquisas? Nada disso. As vozes do outro lado da linha eram de um grupo de jovens entre 17 e 23 anos que haviam recebido apenas uma hora de treinamento sobre conversas empáticas. Esse treinamento pode ser resumido em poucas linhas: ouça a pessoa com quem você está falando; esteja interessado no que ela tem a dizer; deixe-a escolher o tópico da conversa.

O estudo durou apenas quatro semanas, mas vamos imaginar que tivesse durado anos. Nesse período, seria realmente possível que essas chamadas breves tivessem feito os participantes se sentirem menos solitários, beneficiando-se com um ganho na saúde equivalente a parar de fumar.

QUANTA INTERAÇÃO SOCIAL É SUFICIENTE?

Voltemos ao estudo que mostrou que, quanto mais envolvidos os participantes estivessem em grupos sociais, menor era o risco de depressão. Isso levanta uma questão: é sempre melhor socializar, ou de fato tudo em excesso faz mal? Qual seria a quantidade "suficiente" de amigos? Embora a pesquisa sobre a solidão ainda seja um campo emergente e existam muitas disparidades de uma pessoa para outra, parece ser muito mais importante que tenhamos vínculos fortes com pessoas específicas do que a agenda social sempre cheia. A proteção mais importante parece ser ter um número limitado de amigos próximos, com quem você se sinta seguro e relaxado.

Em um dos estudos de psicologia mais célebres de todos os tempos, foi demonstrado que nutrir relacionamentos mais próximos, ainda que poucos, é mais importante do que manter muitos vínculos superficiais. O estudo começou no fim da década de 1930, quando pesquisadores da Harvard University começaram a investigar que fatores são necessários para ter uma vida feliz. Um objeto de investigação tão ambicioso exige um estudo igualmente ambicioso e, sob esse aspecto, a pesquisa com certeza não decepcionou. Os pesquisadores recrutaram quinhentos estudantes e quinhentos pares, que não eram alunos da instituição e vinham de locais mais pobres da grande Boston. Todos foram convidados a participar de entrevistas regulares e passar por check-ups de saúde. Com o passar dos anos, à medida que os participantes começavam a constituir família, seus parceiros e crianças também passavam a ser entrevistados como parte do estudo.

A pesquisa estava prevista para durar quinze anos, mas, oito décadas depois, continua firme e forte. Alguns participantes foram acompanhados entre os vinte e os noventa anos. Alguns tiveram um sucesso fantástico; um deles — John F. Kennedy — até se tornou presidente dos Estados Unidos. Quando as respostas, os testes e outros dados foram compilados, ficou claro que o que mais importava para a maioria dos participantes não era dinheiro, status, fama ou poder, mas um bom relacionamento com a família, amigos e colegas. O psiquiatra George Vaillant, que liderou o estudo por mais de trinta anos, resume os resultados melhor do que qualquer número ou tabela: "Quando o estudo começou, ninguém se importava com empatia ou apego. Mas a chave para o envelhecimento saudável são as relações, as relações, as relações."

O estudo de Harvard abriu as portas para uma série de descobertas fascinantes, e recomendo muito que você dê uma olhada se estiver interessado no tema do bem-estar humano. Um achado interessante é que não importava tanto se as relações tinham seus altos e baixos ao longo da vida (ou seja, se havia períodos em que esses relacionamentos fossem menos gratificantes); o que importava era saber que alguém estaria lá se algo acontecesse. Outra descoberta foi que a experiência de solidão pode muitas vezes mudar no decorrer da vida. Algumas pessoas sentiram extrema solidão aos 25 anos, mas não depois. De acordo com o psiquiatra Robert Waldinger, atual diretor do estudo, a personalidade não "fica engessada" aos trinta; as coisas mudam.

A DIMENSÃO FÍSICA DAS NOSSAS NECESSIDADES SOCIAIS

Durante a pandemia da covid-19, nossos recursos digitais se tornaram um salva-vidas indispensável para o mundo. À medida que mais e mais reuniões de trabalho, aulas de ioga, happy hours e consultas médicas se mudaram para o modo on-line, passamos a dedicar mais tempo ao mundo virtual do que ao real. Não demorou muito para que estudos do mundo todo começassem a mostrar que muitas pessoas estavam se sentindo estressadas e solitárias. Não surpreende que tenhamos experimentado um estresse intenso ao sermos bombardeados com informações sobre uma pandemia, dada a ameaça que outras doenças contagiosas representaram para nós. Mas o que levou a esse aumento da sensação de solidão, quando nossas sociedades conectadas nos dão todas as oportunidades de interagirmos digitalmente? Por que nossas telas não podem satisfazer às nossas necessidades sociais? Na pesquisa médica, muitas vezes não é possível dar uma resposta 100% clara, mas recebemos pistas da nossa pele, que contém receptores para reagir apenas ao toque leve — não à dor, à temperatura ou a um aperto firme, mas apenas ao toque leve.

Por que a evolução se deu ao trabalho de nos equipar com hardware que registra apenas o toque leve? Uma pista vem do fato de que esses receptores reagem se a pele for tocada a uma velocidade de até 2,5cm por segundo, o que coincide com a velocidade de uma carícia. Encontramos outra pista ao seguir a via de sinalização dos receptores, que vai da pele até a parte de trás da glândula pituitária, na base do cérebro. A glândula pituitária reage liberando um grupo de substâncias sob termo guarda-chuva "endorfinas". Estas aliviam a dor e criam uma forte sensação de bem-estar.

Uma terceira pista vem de nossos primos no reino animal, uma vez que esses receptores também são encontrados em chimpanzés e gorilas. Esses animais dedicam até 20% de suas horas em estado de vigília para ativar esses receptores, puxando e limpando o pelo uns dos outros. Esse comportamento é chamado de "grooming". O comportamento de grooming não pode ser motivado pela necessidade de manter o pelo limpo, já que isso provavelmente levaria menos de um quinto do tempo que passam acordados. Curiosamente, acariciar e puxar o pelo também serve a um propósito social, pelo qual tanto o primata que faz o grooming quanto o que o recebe experimentam uma liberação de endorfinas, criando um vínculo entre eles. Como os primatas tendem a fazer o grooming uns nos outros, esse comportamento cria laços entre todo o grupo.

Gorilas e chimpanzés normalmente vivem em bandos de vinte a trinta indivíduos e, portanto, o grooming funciona bem para nutrir e fortalecer os vínculos sociais entre todos eles. Mas, como só é possível fazer o grooming de um em um, o tamanho do grupo que a prática pode efetivamente unir é limitado. Como vimos no início deste livro, historicamente os seres humanos viveram em grupos de até 150 pessoas, o que é muito para estabelecer um vínculo por meio do grooming. Afinal, se você tivesse que acariciar tanta gente todos os dias, não teria tempo para mais nada.

GROOMING EM GRUPO

O antropólogo britânico Robin Dunbar decidiu verificar se existem comportamentos que fazem com que o cérebro libere endorfinas em mais do que dois indivíduos (ou seja, o que faz o grooming e o que recebe), possibilitando, assim, o grooming em grupos maiores. Ele suspeitava de que o riso poderia ter esse efeito e, para testar sua hipótese, reuniu um grupo de desconhecidos para ir ao cinema e assistir a uma comédia juntos. Para fins de comparação, ele levou outro grupo de desconhecidos para assistir a um documentário longo e chato. As endorfinas, no entanto, são difíceis de medir, pois não passam pelos vasos sanguíneos do cérebro. Mesmo se medirmos os níveis de endorfina no sangue, isso não nos dá ideia de quais são os seus níveis no cérebro. Por isso, Dunbar usou a seu favor o fato de as endorfinas terem efeito analgésico. Ele fez os participantes darem as mãos em um recipiente de água gelada para medir por quanto tempo conseguiriam suportar o frio.

Dunbar argumentou que, como um pico de endorfina deveria aumentar o limiar de dor dos participantes, isso permitiria que mantivessem as mãos na água gelada por mais tempo. E, efetivamente, aqueles que assistiram a uma comédia juntos mantiveram as mãos na água fria por mais tempo! O que é ainda mais interessante é que eles experimentaram um sentimento de proximidade. Entraram no cinema como estranhos e saíram com uma sensação de união. No grupo que assistiu ao documentário chato, o limiar de dor permaneceu inalterado e não houve sentimento de grupo.

Mas foram realmente as endorfinas que fizeram o grupo que assistiu à comédia ter esse sentimento de união? Para descobrir, Dunbar e uma equipe de pesquisadores finlandeses realizaram outro estudo usando a chamada tecnologia PET scan. PET é a abreviatura de *positron emission tomography* [tomografia por emissão de pósitrons], um método que envolve a injeção de uma substância radioativa que se liga a outras substâncias, incluindo endorfinas. Depois de receberem a injeção com a substância, pediu-se que os participantes rissem — e eles de fato liberaram endorfinas! Então sim, para os humanos, rir juntos realmente parece ter a mesma função que, nos primatas, mexer no pelo um do outro — com a importante distinção de que o riso pode fortalecer o vínculo entre mais do que apenas dois indivíduos. Isso pode explicar por que rimos trinta vezes mais quando estamos juntos. Sim, há pesquisas sobre isso.

Dunbar decidiu testar se outros sentimentos menos positivos podem funcionar da mesma maneira, então pôs um grupo para assistir a um filme mais emotivo, estrelado pelo ator Tom Hardy. No filme, Hardy interpreta um adicto em situação de rua extremamente perturbado que tira a própria vida. Esse filme acabou por ter o mesmo efeito que a comédia: a tolerância à dor aumentou e o grupo experimentou um sentimento de pertencimento. Então, se você se sente animado ao sair do cinema e até puxa conversa espontaneamente com outros espectadores sobre o quanto gostou do filme, isso provavelmente acontece porque houve uma onda de endorfina que criou um senso de união.

Mas vivenciar uma história trágica ou cômica com outras pessoas é apenas o começo. Se você dançar com alguém, o corpo vai liberar endorfinas. O mesmo se aplica ao canto e ao exercício, especialmente se você os pratica em grupo. O senso de união que você experimenta enquanto canta em um concerto, assiste a um drama comovente no teatro, ri de uma comédia no cinema ou mesmo faz uma atividade física em grupo parece ser causado pela liberação de endorfinas pelo cérebro, o que cria um senso de unidade com as pessoas ao seu redor. Dunbar acredita que comportamentos como rir, dançar e compartilhar histórias engraçadas ou pungentes evoluíram como formas mais eficazes de grooming. Isso possibilitou que ficássemos juntos em grupos maiores do que nossos primos do reino animal. Então, em resumo, a cultura realmente parece ser vital!

O denominador comum entre todas essas atividades é o fato de que é preciso fazê-las *juntos* — várias pessoas têm que experimentar os mesmos sentimentos ao mesmo tempo. Por que é tão importante reconhecer isso em uma época em que cada vez mais atividades em grupo passaram a ser on-line? Bem, o uso que o cérebro faz das endorfinas, que são, por sua vez, estimuladas pelo toque físico, parece ser o principal responsável na bioquímica envolvida na amizade e proximidade. Isso dá uma forte indicação de que há uma dimensão puramente física para as nossas implacáveis necessidades sociais. O fato de que durante a pandemia fomos privados dessa dimensão física nos oferece uma possível explicação de por que tantas pessoas se sentiram solitárias. Precisamos nos ver na vida real, compartilhar toques e estar em proximidade física uns com os outros, pela simples razão de que nossas fortes necessidades sociais se desenvolveram exatamente a partir disso durante milhões de anos de evolução. Pode parecer que podemos transferir parte desse apoio social para a tela, mas não todo.

Dunbar acredita que, embora as redes sociais e as comunicações digitais possam nos ajudar a manter relacionamentos que, de outro modo, poderiam ter sofrido um afastamento, é difícil estabelecer novas relações próximas e significativas através da tela. Além disso, quando nos encontramos presencialmente, isso também sinaliza, particularmente na nossa era digital, que queremos fazer esse esforço. Como há apenas 24 horas em um dia, quanto mais tempo passamos on-line, menos tempo temos para nos encontrarmos na vida real. Dunbar sugere que, se alguém puder inventar o toque virtual, será merecedor de um Prêmio Nobel da Paz. Isso facilitaria um senso de pertencimento entre milhões, possivelmente até bilhões de pessoas. Mas, enquanto aguardamos a invenção do toque virtual, seria sensato lembrarmos que há uma dimensão puramente física em nossas necessidades sociais.

O estilo de vida cada vez mais digital também tem outro impacto em nosso estado de espírito que não tem nada a ver com a falta de proximidade física, mas não deixa de ser uma faceta da solidão. Vamos dar uma olhada nisso agora.

QUANDO EXPERIMENTAMOS MAIOR SOLIDÃO?

Estudos de vários países mostram que entre 20% e 30% da população muitas vezes se sente solitária e isolada. Evidentemente, a maneira como esse sentimento de solidão flutua ao longo da vida varia entre uma pessoa e outra. Mas, apesar dessa variação individual, alguns padrões merecem atenção. Entre os jovens com idades entre 16 e 24 anos, o número fica em torno de 30% a 40%. Na faixa etária dos 35 aos 45 anos, cerca de um terço se sente solitário, enquanto aqueles que têm mais de 45 anos muitas vezes se sentem menos solitários. Isso pode ocorrer porque, com a idade, nos tornamos mais seletivos em nossa socialização e priorizamos as pessoas que significam mais para nós. A faixa etária que se sente menos solitária é a dos sessenta anos. No entanto, depois dos 85, infelizmente, a solidão aumenta de novo, presumivelmente porque muitos perdem parceiros e amigos.

NECESSIDADES ESVAZIADAS

Se você é adulto, gasta em média entre três e quatro horas por dia no celular. Se você é adolescente, esse número é entre cinco e seis horas — cerca de metade das horas em que está acordado fora da escola. A nova era digital trouxe a mudança comportamental mais rápida da história da humanidade, e como isso afeta a maneira como nos sentimos continua sendo um enorme ponto de interrogação. Ainda assim, não precisamos ir além dos números que você acabou de ver para perceber qual talvez seja o custo mais significativo. Como um dia tem apenas 24 horas, mais horas gastas na frente de uma tela significam menos de outras atividades: menos tempo para se encontrar na vida real, menos tempo para se exercitar e menos tempo para dormir. Como resultado, dificilmente alguém vai se surpreender com o fato de que, desde a virada do milênio, o número médio de passos de adolescentes de quatorze anos tenha caído 30% entre os meninos e 24% entre as meninas, ou que o número de adolescentes que procuram ajuda para insônia e que recebem prescrição de remédio para dormir tenha aumentado em quase 1.000% no mesmo período.

Quando se trata de como nos sentimos, a questão principal não é o que fazemos com nosso celular, mas sim o que *deixa de ser feito* em favor do tempo na frente da tela. Nossos meios de nutrir a saúde mental — sono, exercícios e socialização na vida real — estão sendo gradualmente esvaziados por nosso estilo de vida cada vez mais digital. Mas passar muito tempo diante da tela pode *em si* ser perigoso? Como veremos um pouco mais adiante, não é possível dizer com certeza se nos sentimos pior hoje do que há vinte ou trinta anos. Exceto por um grupo, que é o de adolescentes, particularmente meninas. Esse grupo tem tido um claro aumento nos problemas de saúde mental. Um dos muitos exemplos é um estudo em que 62% das meninas que participaram da pesquisa afirmaram que tinham múltiplos sintomas crônicos de estresse, como ansiedade, dor de estômago e distúrbios do sono. Isso representa mais do dobro da realidade da década de 1980. Nos meninos, esse número foi de 35%, o dobro do que era na década de 1980. O mesmo padrão sombrio pode ser observado em um grande número de países.

Não é possível afirmar com certeza o motivo do aumento drástico dos problemas de saúde mental entre as meninas, mas tomarei a liberdade de especular. Após a escola, os adolescentes dedicam cerca de metade das horas em que estão acordados a seus celulares. As meninas passam esse tempo nas redes sociais, enquanto os meninos ficam jogando. Para ver como isso pode contribuir para um aumento mais rápido dos problemas de saúde mental nas meninas, vamos analisar sob a perspectiva do cérebro.

O DESEJO DE NOS COMPARARMOS AOS OUTROS

Se você colocar o dedo alguns centímetros atrás do lóbulo da orelha e, a partir desse ponto, perfurar diretamente em direção ao cérebro, alcançará o que nos círculos médicos são chamados de "núcleos da

Rafe", que consistem em cerca de 150 mil células cerebrais. Apesar de conterem apenas cerca de 0,0002% das células do cérebro, os núcleos da Rafe são cruciais para a forma como funcionamos e nos sentimos. É lá que a maior parte de uma das substâncias mais fascinantes do cérebro é produzida: a serotonina.

Em muitos países, mais de um em cada dez adultos faz tratamento com antidepressivos, principalmente com inibidores seletivos da recaptação da serotonina (ISRS), que aumentam os níveis de serotonina. Como é possível que tenhamos desenvolvido essa necessidade aparentemente inesgotável de aumentar os níveis de serotonina? A que necessidade humana universal e quase ilimitada esses medicamentos satisfazem? Para tentar entender isso, vamos voltar ao cérebro.

Depois que a serotonina é produzida nos núcleos da Rafe, ela é transportada através de pelo menos vinte vias de sinalização distintas para basicamente todo o cérebro. Ao fazê-lo, afeta uma série de diferentes características mentais, o que significa que seus efeitos são extremamente complexos. Mas o que talvez seja a tarefa mais importante pode de fato ser descrita de forma muito simples: a serotonina regula até que ponto nos retraímos. E isso não vale só para os humanos.

A serotonina pode ser rastreada até pelo menos um bilhão de anos atrás na história e afeta a retração em muitas outras espécies. Se o esgana-gata de três espinhos e o peixe-zebra são expostos a uma medicação que aumenta a serotonina aos níveis que foram registrados fora das obras de tratamento de esgoto, eles se tornam menos cautelosos e correm um risco maior de serem devorados por predadores. Quando o frágil equilíbrio que regula a retração, aperfeiçoado ao longo de milhões de anos, é perturbado, passa a ser uma questão de vida e morte. Para os peixes, essa ameaça costuma vir de outra espécie, mas em outros animais também pode vir de membros da mesma espécie. Os caranguejos, por exemplo, são conhecidos por se atracarem em escaramuças violentas. Tais conflitos são, em geral, neutralizados pelo caranguejo dominante antes que cheguem às vias de fato, forçando seu adversário a desistir. Mas se um caranguejo recebe uma dose de medicação que aumenta a serotonina, fica mais dominador e menos propenso a recuar. Em resumo, a concepção do caranguejo quanto à sua posição na hierarquia muda se seus níveis de serotonina forem alterados. O mesmo acontece com os chimpanzés. Quando um macho ou fêmea alfa é deposto, surge um vácuo de poder. Se um chimpanzé escolhido aleatoriamente receber medicação para aumentar os níveis de serotonina, ele tenderá a assumir a liderança e se tornará o novo macho ou fêmea alfa.

Nos seres humanos, a serotonina também parece afetar a forma como avaliamos nosso lugar na hierarquia (e o inverso provavelmente também é verdade: nossa percepção na hierarquia afeta o nível de serotonina). Por exemplo, um estudo realizado com estudantes universitários em um alojamento estudantil americano revelou que os alunos que estavam lá havia muito tempo, e que desempenhavam papéis de liderança, tinham níveis mais altos de serotonina do que os novos membros. Mas o que tudo isso tem a ver com a saúde mental em adolescentes? Bem, a serotonina não afeta apenas nossa posição na hierarquia; também afeta nossa vida emocional. Os medicamentos mais comumente usados para tratar a depressão afetam nossos níveis de serotonina, e esses remédios ajudam muitas pessoas a se sentirem melhor. Isso significa que há uma ligação biológica muito próxima entre a percepção de nossa posição na hierarquia e como nos sentimos. Se descermos na hierarquia, estamos mais inclinados a nos sentirmos tristes. E nunca houve tantas razões para se sentir escanteado como hoje, pois as redes sociais constantemente nos forçam a nos compararmos com a vida perfeita dos outros. Resumindo, do ponto de vista da serotonina, nunca houve tantas razões para se sentir triste como agora.

UMA DESCOBERTA VALIOSA

A descoberta da serotonina não é apenas uma parte empolgante da ciência; também resultou em alguns dos medicamentos mais vendidos de todos os tempos.

Em meados da década de 1930, o químico italiano Vittorio Erspamer investigava a coordenação da função motora do sistema digestivo quando descobriu uma substância que fazia os intestinos se contraírem. No início, ele achou que era a adrenalina, mas não era o caso. Também não combinava com uma série de outras substâncias conhecidas. Erspamer percebeu que havia descoberto uma nova substância, a qual chamou de "enteramina" em referência a "enter(o)-", que na terminologia médica significa "intestino".

Uma década depois, quando o médico americano Irvine Page tentava mapear os mecanismos fisiológicos que causam a pressão alta, ele descobriu uma substância no sangue que tinha o mesmo efeito vasoconstritor. Era idêntica à enteramina. Como o líquido em que nossas células sanguíneas são encontradas é chamado de "soro", a enteramina recebeu um novo nome: serotonina. Page estava no meio do mapeamento do papel que a serotonina desempenha na pressão alta quando foi contatado pela bioquímica Betty Mack Twarog, de 25 anos. Twarog suspeitava que a serotonina poderia ter ainda mais funções. Ela especulou que poderia até ser encontrada no cérebro.

Embora Page estivesse cético, ele cedeu um laboratório à jovem bioquímica. Essa se provou uma decisão sábia. Em 1953, Twarog demonstrou que a serotonina era encontrada em cérebros de mamíferos, incluindo os humanos.

A serotonina desempenha um papel em diversas funções mentais, como apetite, sono, agressividade, impulsividade e desejo sexual. Mas, acima de tudo, é importante na ansiedade e na depressão.

Essa descoberta aqueceu as pesquisas e atiçou a indústria farmacêutica, que sentiu o cheiro de dinheiro no ar. Seria a serotonina capaz de alterar o estado emocional dos seres humanos e torná-los menos deprimidos e ansiosos? Era uma oportunidade que ninguém podia perder. As pesquisas logo deram frutos e, depois de alguns anos, havia no mercado vários medicamentos disponíveis que afetavam os níveis de serotonina no cérebro, além de diversas outras substâncias. Quando ficou claro que essas substâncias muitas vezes tinham efeitos colaterais, a pesquisa foi direcionada para a elaboração de medicamentos que atuavam apenas nos níveis de serotonina. No fim da década de 1980, essa classe de medicamento foi lançada e veio a ser conhecida como inibidores seletivos da recaptação da serotonina (ISRS).

Descrever os ISRS como um golpe de sorte comercial não faz jus aos fatos. Esses medicamentos não se tornaram apenas sucessos comerciais em comparação com outros, mas sim alguns dos produtos mais vendidos na história, ponto final.

Você pode argumentar que sempre corremos o risco de nos sentirmos lá embaixo na hierarquia, o que é verdade, mas não em relação a aparências tão perfeitas quanto as que encontramos hoje. Como se não bastasse ser constantemente bombardeado por postagens de amigos cheias de filtros, milhares de influenciadores — que são pagos para promover suas vidas fantásticas — estabelecem padrões de comparação altos e inatingíveis. A cada minuto, deparamos com lembretes reais de que há alguém mais inteligente, mais bonito, mais rico, mais popular ou mais bem-sucedido do que nós, o que, como é inevitável, nos leva a sentir que constantemente somos empurrados para baixo na hierarquia de dominância, e isso pode nos levar a nos sentirmos tristes.

No fundo, a razão pela qual nunca paramos de avaliar nossa posição na hierarquia decorre do fato de que nosso cérebro quer evitar a solidão. Para evitar que sejamos expulsos do grupo, nosso cérebro com frequência se pergunta coisas como: *eu me encaixo? Eu sou bom, inteligente, engraçado ou bonito o suficiente para pertencer a esse grupo?* Hoje essas questões são colocadas em um ambiente totalmente diferente daquele para o qual nosso cérebro evoluiu. Da mesma forma que nosso desejo por calorias se desenvolveu ao longo de centenas de milhares de anos em um mundo com poucas fontes de energia (com repercussões devastadoras agora que as calorias estão muito mais prontamente disponíveis), nosso desejo de nos compararmos com os outros evoluiu em relação a um mundo em que vivíamos em pequenos grupos. Quando esse instinto é transplantado para uma situação que oferece inúmeras maneiras de se sentir inadequado, pode ter consequências para a vida emocional. Ainda não é possível afirmar quais serão essas consequências, pois as pesquisas sobre como as redes sociais nos afetam ainda são incipientes. No entanto, vários estudos sugerem que os jovens que passam mais de quatro a cinco horas por dia nas redes sociais estão menos satisfeitos consigo mesmos e se sentem mais ansiosos e deprimidos. Ainda assim, o efeito exato das redes sociais tem sido difícil de estudar, em parte porque as empresas de mídia social não querem compartilhar seus resultados de pesquisa. No outono de 2021, foi revelado que os próprios pesquisadores do Facebook haviam alertado que o Instagram (na época, propriedade do Facebook) estava agravando os problemas de imagem corporal em um terço de todas as adolescentes. Eles também descobriram que, entre as adolescentes que relataram ideação suicida, 6% a 13% relacionaram seus pensamentos negativos diretamente ao Instagram. O Facebook não apenas ignorou esses avisos, como também os ocultou do público.

Mas é importante notar que reagimos de forma diferente às redes sociais, e *nem todos nós* corremos o risco de nos sentirmos tristes. Quem corre mais risco são indivíduos mais neuróticos (ou seja, aqueles que têm uma reação particularmente forte a estímulos negativos). O mesmo acontece com os usuários passivos das redes sociais, que simplesmente percorrem as postagens dos outros sem estabelecer comunicação. O que isso significa pra nós? Tendo em mente que somos descendentes não apenas das almas mais angustiadas e ávidas por calorias, mas também de pessoas que estavam absolutamente desesperadas para pertencer a um grupo, podemos supor que algumas horas de comparação diária com as vidas "perfeitas" de outras pessoas enviarão um sinal que o cérebro interpreta como inferioridade na hierarquia. Como isso pode fazer nos sentirmos mal, provavelmente é sábio limitar o quanto nos expomos a esse sinal. Limitar nosso uso das redes sociais (uma sugestão não científica é uma hora por dia, no máximo) é uma dica tão concreta sobre como enganar nosso cérebro quanto respirar fundo quando sentimos ansiedade intensa.

A EPIDEMIA DA SOLIDÃO

De vez em quando ouvimos que estamos à beira de uma epidemia da solidão. Sob uma perspectiva histórica mais abrangente, há motivos para acreditar que isso seja verdade. Há um amplo consenso entre os historiadores de que, durante quase toda a história da humanidade, vivemos em pequenos grupos de algumas dezenas de indivíduos — algumas centenas, no máximo — que teriam tido contato próximo uns com os outros e se encontrado diariamente. Um padrão persistente entre os caçadores-coletores contemporâneos é que eles dedicam de quatro a cinco horas por dia para caçar e coletar — em suma, eles não têm regimes de quarenta horas de trabalho semanais. Passam o restante do tempo em que estão acordados uns com os outros. Se a vida dessas pessoas é representativa de como nossos ancestrais viveram, não há dúvida de que nossos ancestrais passaram menos tempo trabalhando, tinham vínculos sociais mais próximos e se encontravam com amigos e parentes consideravelmente mais vezes do que nós. Então, sim, a longo prazo — após séculos e milênios — provavelmente nos tornamos mais solitários, mas se isso é verdade ao longo de décadas ainda é uma questão em aberto. Alguns estudos sugerem que este é o caso — por exemplo, o número de americanos que responderam "zero" quando lhes perguntam com quantos amigos muito próximos eles poderiam contar se algo acontecesse cresceu nas últimas décadas. E dados compilados da Organização para a Cooperação e Desenvolvimento Econômico (OCDE) revelaram que a solidão entre adolescentes aumentou em todos os países dessa entidade entre 2003 e 2015.

Mas também há estudos que mostram que não nos sentimos nem mais nem menos solitários hoje em dia. Além disso, é difícil fazer uma comparação pra valer entre diferentes gerações na medida em que nossas percepções de solidão mudam. Solidão é ficar duas horas ou dois dias sem se comunicar com ninguém? Não há resposta "correta" aqui, mas, onde quer que essa linha seja traçada, afetará o número de pessoas que se consideram solitárias — o que torna difícil, se não quase impossível, comparar a solidão observada em quem tem vinte e poucos hoje com quem estava nessa faixa etária nos anos 1960 ou 1990. Embora haja um número muito maior de pessoas morando sozinhas hoje do que há vinte anos — uma das maiores mudanças sociais nas últimas décadas é a quantidade de pessoas que vivem sozinhas —, isso não significa que estamos mais solitários. Estar sozinho, como dissemos antes, não significa automaticamente estar solitário.

Em outras palavras, analisando sob a perspectiva de algumas décadas, não podemos dizer com certeza se estamos enfrentando uma epidemia da solidão. Deveríamos, então, deixar de nos preocupar com a questão? Eu sou um dos que consideram que *deveríamos* nos importar. Mesmo que ainda estejamos começando a entender como a solidão nos afeta, sabemos que ela pode causar sofrimento psíquico e uma série de doenças. E, mesmo que não seja possível afirmar com certeza que a solidão esteja aumentando, é claro que este ainda pode ser um problema. Se quisermos evitar a depressão e a ansiedade, seria sensato cogitar a solidão como um importante fator de risco, da mesma forma que consideramos a falta de atividade física, os distúrbios do sono, o estresse e o álcool.

Como médico e psiquiatra, sempre me chamou a atenção o fato de que muitos dos que buscam ajuda porque se sentem indispostos — tanto física quanto mentalmente —, na verdade, estão assim porque se sentem solitários. Eles precisam de alguém para conversar, para ouvi-los, de modo que se sintam menos isolados, e aparentemente não sabem que a solidão pode ser o problema. Isso não é tão estranho assim. Como o cérebro trabalha para encontrar explicações para nossos estados emocionais, muitas vezes suspeito que uma dor nas costas ou no joelho pode ser a maneira dele de concretizar a dor emocional que vem da solidão. A melhor forma de tratar tal dor pode ser enfrentar a solidão.

Então, para resumir, fomos feitos para nos conectarmos, e nossas profundas necessidades sociais se devem ao fato de que a conexão humana sempre foi, e ainda é, interpretada pelo cérebro como fator de sobrevivência. Após ler este capítulo, cabe a você, é lógico, decidir se vai ligar para seus pais ou avós com mais frequência, adotar o hábito de visitar regularmente alguém que está sozinho ou diminuir um pouco o tempo de um encontro virtual em favor de um encontro na vida real. Com esforços um tanto modestos, nós, como indivíduos e como sociedade, provavelmente poderíamos fazer uma grande diferença para acabar com a solidão de muitas pessoas. Se todos fizessem um esforço para tentar ajudar pelo menos uma pessoa solitária, isso não afetaria apenas o bem-estar subjetivo dela ou reduziria seu risco de depressão, mas também reduziria o risco à saúde e melhoraria seu prognóstico em uma série de doenças graves. O fato é que isso proporcionaria uma vida mais longa a mais pessoas.

CAPÍTULO 6

ATIVIDADE FÍSICA

Quaisquer que sejam os mecanismos pelos quais a atividade física estimula o cérebro, só um terraplanista descartaria o exercício como um meio potencial de prevenir e tratar problemas de saúde mental.
DANIEL LIEBERMAN, PROFESSOR DE BIOLOGIA EVOLUTIVA HUMANA, HARVARD UNIVERSITY

QUALQUER PESSOA QUE TRABALHE com pacientes na área da saúde, mais cedo ou mais tarde, começará a perceber padrões. Temos uma noção de quem terá bons resultados e quem terá dificuldades. No entanto, não se deve extrapolar muito esses padrões, afinal, eles podem ser apenas coincidência, ou a nossa tendência de lembrar os casos que confirmam nossa própria predisposição. Por volta do ano de 2010, comecei a reparar que os pacientes que se exercitavam e procuravam ajuda para tratar a depressão não voltavam. Depois da estranha visita de acompanhamento, eu raramente os via de novo. Isso me fez questionar se o exercício físico poderia ter um efeito antidepressivo. Quando analisei as pesquisas, descobri, para minha grande surpresa, que sim. Na última década, fez-se uma infinidade de estudos sobre o tratamento da depressão por meio da atividade física. No entanto, os estudos que mais me surpreenderam, e que eu também acho que são os mais importantes, analisam como a depressão pode ser evitada, isto é, como a atividade física pode nos ajudar a reduzir o risco de ficarmos deprimidos.

O QUE UM TESTE DE ESFORÇO NA BICICLETA TEM A VER COM O RISCO DE DESENVOLVER DEPRESSÃO?

Você acha que, se pedalar o mais rápido possível por seis minutos e, em seguida, segurar uma barra com força, isso poderia ter algum impacto sobre o seu risco de desenvolver depressão nos próximos sete anos? Dez anos atrás, eu teria achado extremamente improvável que minha força nas mãos ou meu desempenho em um teste de esforço na bicicleta pudesse ter algo a ver com a possibilidade de ter ou não depressão no futuro. Em vez disso, eu teria chutado outros fatores de risco, como perder o emprego, ser rejeitado ou ter um ente querido doente. A força da minha pegada? Nem pensar.

No Reino Unido, 150 mil participantes de um estudo foram convidados a realizar esses dois testes de esforço simples, na bicicleta e de força nas mãos, e tiveram que responder a uma série de perguntas sobre possíveis problemas com depressão e ansiedade. Quando responderam às perguntas novamente sete anos depois, alguns participantes se sentiam melhor do que antes, enquanto outros se sentiam pior. Na verdade, alguns deles se sentiam muito pior, o que os encaixava dentro de quadros de depressão. Curiosamente, havia uma ligação entre as mudanças na forma como eles estavam se sentindo e os resultados no teste da bicicleta sete anos antes — ou seja, o risco de depressão parecia menor naqueles que eram fisicamente ativos. Ou, para ser mais preciso: para aqueles que eram fisicamente ativos, o risco de depressão foi reduzido pela metade, e também houve um menor risco de ansiedade. Da mesma forma, a força das mãos estava ligada a um menor risco de depressão e de sintomas de ansiedade, embora o impacto não fosse tão óbvio quanto o da aptidão cardiovascular.

Assim, o risco de depressão parece menor naqueles que estão em boa forma. Mas, agora, vamos desempenhar o papel de advogado do diabo. As pessoas que estão em boa forma são muitas vezes saudáveis, raramente fumam, ingerem menos bebida alcoólica e são mais cuidadosas com o que consomem. Poderia muito bem ser que outro fator de estilo de vida estivesse, na verdade, fazendo a diferença. Para dar conta disso, os pesquisadores separaram os resultados por idade, tabagismo, educação e renda. O padrão permaneceu. Eles então testaram retirar aqueles que estavam lutando contra a depressão e a ansiedade no início do estudo e checaram os números de novo. Nada mudou.

Como você sabe, não há uma linha clara entre a depressão e a tristeza "normal", então os resultados poderiam ser consequência de onde esse limite foi traçado. Os pesquisadores, portanto, tentaram diferentes limiares para o que era considerado depressão. Mais uma vez, o mesmo padrão surgiu. Independentemente de como olhavam para os dados, o estudo indicou que quem praticava atividade física corria menor risco de ficar deprimido. Esse é apenas um de vários estudos que sugerem fortemente que a atividade física pode reduzir o risco de depressão. Ainda assim, olhar para um ou outro estudo nunca oferecerá a melhor ilustração de tudo que se sabe hoje — embora os estudos sejam de grande porte, alguns com 150 mil indivíduos (na pesquisa, a boa e básica regra é "*um* estudo equivale a *nenhum* estudo"). Para isso, precisamos compilar muitos estudos diferentes e realizar o que é chamado de "metanálise".

Os estudos a respeito de como a atividade física afeta a depressão agora são tão exaustivos que em 2020 foi publicada uma metanálise de várias metanálises (ou seja, uma metametanálise). E quais são os achados? A atividade física realmente neutraliza os sintomas da depressão. O impacto varia de acordo com a forma como o estudo foi realizado e vai de baixo a alto. Tendo em conta todos os relatórios alarmantes sobre transtornos mentais em jovens, é possível indagar se o mesmo se aplica a essa faixa etária em particular. E a resposta é sim. Uma metanálise apresentada em 2020 mostrou que o exercício reduziu o risco de depressão em crianças e jovens, com um efeito em geral moderado. E nos idosos? Observou-se o mesmo padrão.

ACELERADOR E FREIO AO MESMO TEMPO

Examinemos mais de perto *por que* o exercício tem um impacto tão poderoso sobre como nos sentimos. Como vimos anteriormente, o estresse prolongado é um fator de risco na depressão. O sistema de estresse mais central do corpo é chamado de eixo HPA, cuja origem pode ser traçada a dezenas de milhões de anos atrás. É comum a basicamente todos os vertebrados, incluindo humanos, primatas, cães, gatos, ratos, lagartos e até peixes.

O eixo HPA não é um único órgão, mas três áreas diferentes no corpo e no cérebro que se comunicam entre si. O primeiro do eixo é o hipotálamo (o "H" em HPA), que envia sinais para a glândula pituitária (o "P") na base do cérebro, que por sua vez envia sinais para as glândulas adrenais ou suprarrenais (o "A"). As glândulas adrenais secretam o hormônio cortisol, que mobiliza energia. Por exemplo, nossos níveis de cortisol aumentam pela manhã a fim de nos dar energia suficiente para sair da cama. Mas os níveis de cortisol também aumentam em caso de estresse. De H a P a A, o cortisol é secretado quando ficamos estressados. Isso pode parecer bastante simples, mas, na prática, o eixo HPA é incrivelmente complexo e contém vários *loops* de feedback, que significam que ele pode frear sozinho. Quando os níveis de cortisol aumentam, a atividade no hipotálamo e na glândula pituitária é reduzida. O cortisol aplica seus próprios freios e, ao fazê-lo, atua tanto como o hormônio do estresse do corpo quanto seu próprio "hormônio antiestresse". É quase como um carro com apenas um pedal para acelerar e frear: se você pisar no acelerador com força demais, o carro começa a frear.

Uma das descobertas mais importantes na pesquisa psiquiátrica é que a atividade no eixo HPA muitas vezes muda com a depressão. É revelador que o achado biológico indiscutivelmente mais importante relacionado à depressão venha *tanto* do corpo *quanto* do cérebro, já que o eixo HPA abrange os dois. Na maioria dos casos, a atividade no eixo HPA aumenta durante a depressão — ou seja, quando os níveis de cortisol são muito altos. A maioria dos tratamentos para depressão, incluindo os medicamentosos, tem um efeito normalizador do eixo HPA (com diferentes antidepressivos afetando partes distintas do eixo). Mas a medicação não é o único elemento capaz de normalizá-lo: a atividade física também. A atividade física sempre acalma o HPA hiperativo, mas apenas a longo prazo. A curto prazo, o exercício, particularmente o treinamento de alta intensidade, aumenta a atividade no eixo HPA, já que a atividade física por si só é um estressor no corpo. Então, quando você sai para uma corrida, os níveis de cortisol no sangue sobem, mas depois caem para níveis mais baixos do que antes e permanecem assim por até algumas horas. Isso contribui para a calma que muitas vezes sentimos após o exercício.

Se você se exercitar regularmente por algumas semanas, a atividade no eixo HPA começará lentamente a diminuir, e não apenas nas horas após o treino, mas de forma mais geral. Isso ocorre porque o eixo HPA tem vários freios diferentes. Dois são particularmente importantes: o hipocampo, mais conhecido como o centro de memória do cérebro, e o lobo frontal, ou seja, a parte do cérebro atrás da testa, que é a região das faculdades relacionadas ao pensamento, como abstração e pensamento analítico.

Tanto o hipocampo quanto o lobo frontal são fortalecidos pela atividade física. O hipocampo fica fisicamente maior com o exercício, e, no caso do lobo frontal, mais vasos sanguíneos pequenos são formados, acelerando o fornecimento de oxigênio e a remoção de resíduos. Isso aumenta os freios internos de estresse do cérebro e, como se já não bastasse, o exercício também melhora a capacidade do eixo HPA de parar a si mesmo, à medida que se torna mais sensível à própria atividade. Em outras palavras, a capacidade de frenagem melhora no pedal que serve como acelerador e freio.

ATIVIDADE FÍSICA: O OPOSTO DA DEPRESSÃO

Como vimos em um capítulo anterior, a depressão é um termo genérico para uma variedade de transtornos diferentes que podem ser causados por diversos processos neurobiológicos. Além de um eixo HPA hiperativo, a depressão tem sido associada à inflamação no corpo, como discutimos anteriormente. Também tem sido associada a baixos níveis dos neurotransmissores dopamina, serotonina e noradrenalina, e do próprio "fertilizante" do cérebro, o fator neurotrófico derivado do cérebro (ou BDNF). A depressão também está associada a uma atividade alterada na ínsula (a parte do cérebro dentro dos lobos temporais, que é importante para os sentimentos) e ao aumento da atividade na amígdala.

Esses mecanismos, que não são mutuamente exclusivos, podem ter um efeito maior ou menor em diferentes pessoas. Na realidade, não é possível dizer se alguém deprimido está com níveis baixos de dopamina, tem uma amígdala hiperativa ou muita inflamação. Mas quando se trata de exercício, isso realmente não é relevante: não importa a causa da depressão, muitas vezes a atividade física parece ter o efeito exatamente oposto!

O exercício aumenta os níveis de dopamina, serotonina e noradrenalina, e também do BDNF. Com o tempo, o exercício também tem um efeito anti-inflamatório. Isso ocorre porque é preciso energia para se mover, e essa energia é em parte desviada do sistema imunológico, que se torna menos ativo. Pode não parecer algo tão bom, mas, como a inflamação crônica com frequência é causada por um sistema imunológico hiperativo — o qual o exercício é capaz de acalmar —, neste caso *é* algo bom. A atividade física também acelera a formação de células cerebrais no hipocampo e normaliza o eixo HPA. A lista de exemplos continua, mas acho que você entendeu. Do ponto de vista biológico, é difícil pensar em qualquer coisa que seja mais diametralmente oposta à depressão do que o exercício físico. Outra maneira de entender o efeito antidepressivo que o exercício tem sobre nós é considerar como nossos sentimentos são criados. Conforme vimos, os sentimentos são formados quando a ínsula combina as nossas impressões sensoriais com o que está acontecendo dentro de nosso corpo. Assim, o cérebro usa sinais externos e internos como ingredientes ao estimular um estado emocional.

A atividade física fortalece os órgãos e tecidos do corpo. A pressão arterial, o nível de açúcar no sangue e as lipoproteínas ficam estabilizadas, a capacidade de absorção de oxigênio dos pulmões melhora e o coração e o fígado ganham um reforço. Tudo isso significa que o cérebro recebe sinais diferentes — e melhores — para criar sentimentos, aumentando a probabilidade de que esses sentimentos sejam de prazer e não de desconforto. O fato é que praticar exercícios físicos parece ser uma das decisões mais importantes que podemos tomar para evitar a depressão.

CAUSA E EFEITO

Mas vamos deixar esses mecanismos neurobiológicos de lado por um instante e assumir mais uma vez o papel de advogado **do diabo.** Tanto em Nova York quanto em Chicago, o número de homicídios aumenta quando muitos sorvetes são vendidos. Isso significa que devemos suspeitar que os sorvetes nos tornam agressivos e ávidos por sangue, e colocar a culpa pelos assassinatos em seus produtores?

Não. Isso é extremamente improvável. Uma explicação mais provável é que comemos mais sorvete quando está quente. Também passamos mais tempo ao ar livre e ingerimos mais bebida alcoólica quando faz mais calor. O fato de mais pessoas passarem mais tempo na rua sob a influência do álcool aumenta o risco de violência. Como consequência, o clima afeta tanto o consumo de sorvete quanto o número de assassinatos, sem que os dois tenham qualquer relação um com o outro.

Então como podemos ter certeza de que não há algo que afete tanto o nosso risco de depressão quanto a nossa aptidão física? Talvez exercícios e um menor risco de depressão tenham tanta relação quanto a venda de sorvetes e homicídios.

Como se isso não bastasse, há ainda outro desafio para explorar se quisermos descobrir se a atividade física de fato protege contra a depressão. Os estudos sobre esse assunto tendem a ser realizados da seguinte maneira: um grupo de participantes do teste fará exercícios cardiovasculares, enquanto outro fará uma atividade que não aumenta a frequência cardíaca, como alongamento. Depois de alguns meses de exercício ou alongamento regular, os grupos serão examinados para ver se há alguma diferença em como eles se sentem. Esse é o mesmo método utilizado no desenvolvimento de fármacos, em que um grupo recebe a medicação, e outro, a pílula de açúcar ou placebo. O problema é que, ao pesquisar o impacto mental do exercício, não há equivalente tão bom quanto o placebo. Afinal, alguém que é designado para fazer exercício físico pode ver o que está fazendo e, portanto, adivinhar que se espera que ele se sinta bem — alguns podem até ter lido sobre um dos muitos estudos que já mencionei. Então como podemos saber que este não é um caso clássico do efeito placebo — ou seja, que os participantes não se sentem melhor apenas porque de fato se espera que se sintam?

Há outro obstáculo: para ser capaz de tirar quaisquer conclusões que não sejam fruto de puro acaso, centenas ou milhares de pessoas devem ser monitoradas por vários anos, de modo que haja tempo suficiente para que fiquem deprimidas. Pesquisadores americanos decidiram resolver todos esses problemas e evitar fontes de erro voltando-se para a genética. O risco de depressão é até 40% determinado por nossos genes. Da mesma forma, o quanto nos exercitamos é até certo ponto influenciado pelos genes — algumas pessoas têm de fato mais energia do que outras. Se pessoas cujos genes as tornam mais propensas a serem fisicamente ativas não costumam ficar deprimidas, esse é um sinal de que a atividade física realmente oferece proteção. Se os testes genéticos forem então combinados com dados de exercícios físicos e testes psicológicos, há a possibilidade de se tirar algumas conclusões interessantes. Por exemplo, poderíamos investigar se aqueles que têm múltiplos fatores de risco genéticos para depressão, mas se exercitam com regularidade, estão tão deprimidos quanto "deveriam", estatisticamente falando. Se tudo isso parece complicado, é porque de fato é. O método é chamado de randomização mendeliana e é uma forma de separar as relações estatísticas (como sorvetes e assassinatos) das relações causais (álcool e assassinatos). A randomização mendeliana requer um grande número de participantes no estudo, e esses pesquisadores tinham: mais de duzentos mil. Mas eles enfrentaram outro problema. Ao relatar o quanto nos exercitamos, temos uma tendência a superestimar, então os pesquisadores decidiram usar pedômetros, que fornecem dados mais objetivos.

Enfim, de uma vez por todas, abriu-se a possibilidade de verificar se o exercício reduz o risco de depressão ou se é tudo apenas um placebo. Os resultados, apresentados no início de 2019 em uma das revistas mais prestigiadas na área de psiquiatria, não poderiam ser mais claros: a atividade física protege contra a depressão e *não pode* ser considerada um placebo. Se todos os dias você deixar de ficar quinze minutos sentado e correr pelo mesmo tempo, seu risco de desenvolver depressão cai em 26%. Se caminhar por uma hora, a redução é exatamente a mesma. Como podemos ver, fazer exercícios cardiovasculares, como a corrida, parece ser cerca de quatro vezes mais eficaz do que caminhar. Se você correr por mais de quinze minutos ou caminhar por mais de uma hora, a proteção aumenta.

Por mais avançado que esse estudo tenha sido, os pesquisadores ainda decidiram levar a análise um passo adiante para ter certeza dos resultados. Eles realizaram mais um estudo, dessa vez com um grupo de indivíduos que tinham um alto risco genético para a depressão. Os indivíduos de alto risco foram monitorados por dois anos e, durante esse período, alguns deles de fato ficaram deprimidos. No entanto, a depressão foi menos comum entre os que se exercitavam. Aconteceu, mas foi muito mais raro. A síntese dos pesquisadores é inequívoca:

> Nossos achados sugerem fortemente que, quando se trata de depressão, os genes não selam um destino, e que praticar atividade física tem o potencial de neutralizar o risco adicional de futuros episódios em indivíduos geneticamente vulneráveis.

Dessa forma, podemos de fato afirmar que a depressão pode ser tratada e prevenida por meio do exercício físico.

No entanto, não é porque o risco é reduzido que ele cai para zero. Um risco reduzido significa apenas reduzido — não é risco zero. Também não significa que alguém com depressão deva ser acusado de levar uma vida não saudável.

É importante que o pedômetro não distinga se você andou até a loja, cortou a grama ou treinou para uma maratona. O que importa é se movimentar. Embora o exercício cardiovascular seja cerca de quatro vezes mais eficaz, no fim é o *número* de passos que ajuda a proteger contra a depressão, não onde, quando ou como você anda. Sob a perspectiva de melhoria da saúde mental, portanto, temos que expandir nosso conceito de exercício para muito além do que acontece na academia, no campo de futebol ou na pista de corrida.

QUANTOS CASOS DE DEPRESSÃO PODERIAM SER EVITADOS?

A atividade física nos dá uma camada extra de "proteção mental" contra a depressão, mas, infelizmente, isso vem diminuindo aos poucos. No mundo ocidental, damos, em média, de cinco a seis mil passos por dia. Estudos sobre comunidades que ainda vivem como caçadores-coletores, combinados com análises de esqueletos com seis a sete mil anos, sugerem que nossos ancestrais davam de quinze a dezoito mil passos por dia. Para funcionar de forma ideal, nosso corpo e cérebro provavelmente são calibrados com base nesse número. Em outras palavras, parece que estamos dando apenas um terço dos passos que costumávamos dar ao longo da maior parte da história da humanidade.

O número de passos não só encolheu se olharmos numa perspectiva histórica, mas também no curto prazo. Na Suécia, a percentagem da população que está fora de forma a ponto de representar um risco para a saúde aumentou de 27% para 46% desde meados da década de 1990. Para atender aos critérios de "risco à saúde", deve-se ser incapaz de sustentar uma caminhada rápida por mais de dez minutos sem pausa. Nos jovens, apenas 22% dos meninos e 15% das meninas (de 11 a 17 anos) atingem a hora diária de atividade física recomendada pela Organização Mundial de Saúde. Em outras palavras, quando se trata de exercícios nos tempos modernos, estamos fora de forma.

Já que o exercício protege contra a depressão, perdemos, portanto, uma de nossas principais defesas. E isso levanta uma questão interessante: quantos casos de depressão poderiam ser evitados se nos exercitássemos um pouco mais? Foi isso que os pesquisadores no Reino Unido tentaram calcular usando dados de 34 mil participantes, que foram acompanhados durante onze anos. Como em um quadro de depressão muitos fatores podem afetar uns aos outros, é difícil determinar o papel que cada fator individual desempenha; portanto, esses resultados devem ser vistos como estimativas aproximadas e não como números exatos.

Os pesquisadores concluíram que, se os participantes tivessem se exercitado por *apenas uma hora por semana*, 12% dos casos de depressão poderiam ter sido evitados. Até as crianças e os jovens parecem ver bons efeitos com um esforço relativamente modesto. Utilizando pedômetros, pesquisadores acompanharam a atividade de pouco mais de quatro mil crianças e jovens com idade entre doze e dezesseis anos, e alguns anos depois os mesmos participantes foram questionados sobre depressão. Verificou-se que cada hora adicional de movimento por semana quando eram adolescentes estava relacionada a uma queda de 10% na escala dos sintomas de depressão aos dezoito anos.

ANSIEDADE E ATIVIDADE FÍSICA

Vamos agora voltar nossa atenção para a ansiedade. Como vimos antes, a melhor maneira de descrever a ansiedade é considerá-la um "estresse preventivo". Ansiedade e estresse são essencialmente a mesma reação — uma ativação do eixo HPA —, com a diferença de que o estresse tem relação com uma ameaça *concreta*, enquanto a ansiedade tem relação com uma ameaça *potencial*.

Como o eixo HPA aumenta a marcha em casos de estresse e ansiedade e é estabilizado por meio do exercício, a atividade física deve, em teoria, levar a menos ansiedade. É isso que acontece? Em 2019, uma metanálise explorou uma série de estudos em que participantes com diferentes tipos de ansiedade tinham que praticar atividade física ou seguir outra forma de tratamento. Verificou-se que o exercício cardiovascular protegeu crianças e adultos da ansiedade — sobretudo no caso de estresse pós-traumático. Outra metanálise publicada em 2020 examinou dezoito estudos diferentes. Cada um deles mostrou que a atividade física protege contra a ansiedade e que o tipo de exercício escolhido importa menos do que o próprio movimento. Tudo fez diferença, fosse nadar, caminhar, correr na esteira, fazer *spinning* ou praticar exercícios cardiovasculares em casa.

Estudo após estudo, metanálise após metanálise, vemos que quem se exercita tem menos ansiedade. O importante não é *como* as pessoas se exercitam, mas *se* se exercitam. Aqueles que sofrem de ataques de pânico experimentam menos episódios caso se exercitem regularmente, e, quando os ataques ocorrem, são menos intensos. Para aqueles que sofrem de fobias sociais, as situações de avaliação social tornam-se menos ameaçadoras. E aqueles que têm transtorno de estresse pós-traumático experimentam desconforto menos intenso na ocasião de flashbacks e níveis de alerta elevado. Mas, conforme acontece com qualquer outro tratamento para a ansiedade, como terapia ou medicação, nem todo mundo sente esses efeitos positivos do exercício físico. Para alguns, funciona muito bem, enquanto outros não percebem tanta diferença. Mas, *em média*, o efeito dele sobre a ansiedade é bom, assim como sobre a depressão.

No entanto, quando se trata de prevenir a ansiedade, uma coisa é importante: o aumento da frequência cardíaca. Parece que o corpo aprende gradualmente que a frequência cardíaca alta não é a mesma coisa que uma catástrofe iminente — como meu paciente que teve um ataque de pânico no metrô —, mas vem acompanhada por níveis mais baixos de cortisol, endorfinas e uma sensação de bem-estar. Dessa forma, é possível evitar o círculo vicioso de interpretações errôneas que parecem desencadear um ataque de pânico. Alguém que está fora de forma e tem ataques de pânico ou qualquer outra forma grave de ansiedade deve, portanto, montar aos poucos uma rotina de treino.

Comece com caminhadas rápidas por um mês ou dois. Em seguida, corra devagar por um tempo e aumente o ritmo gradualmente. Se você não estiver em forma e pular direto para os exercícios, o cérebro pode interpretar erroneamente o aumento da frequência cardíaca como um sinal de perigo, o que pode, na pior das hipóteses, desencadear um ataque de ansiedade. Por outro lado, se intensificamos os treinos de forma gradual, lenta mas seguramente, notaremos a ansiedade desaparecer. Não vai acontecer da noite para o dia; é mais provável que seja de um mês para o outro.

TODAS AS FORMAS DE ANSIEDADE SÃO REDUZIDAS

Como médico, posso prescrever exercício físico e, sempre que faço isso, os pacientes com ansiedade me devolvem com surpresa: "Atividade física?" Como isso poderia mudar o estresse e a ansiedade que sentem em relação à vida, ao trabalho, à doença de um ente querido, ou a ansiedade cuja causa eles nem sequer conhecem? Não é possível dizer com 100% de certeza por que a evolução nos moldou de modo que a atividade física alivia a ansiedade, mas pense assim: o trabalho do eixo HPA é mobilizar energia para os músculos do corpo em face de uma ameaça, ou seja, estresse, ou quando o cérebro acha que uma ameaça *pode* surgir, isto é, ansiedade. E o que, por milhões de anos, representou as maiores ameaças para nós? Em que situações era importante que o nosso eixo HPA preservado evolutivamente mobilizasse energia? Dica: dificilmente foi o estresse psicossocial de lidar com contas, prazos e múltiplas tarefas todos os dias. É bem mais provável que o eixo HPA tenha sido desenvolvido para enfrentar ameaças à nossa vida, ou seja, predadores, acidentes e infecções.

Aqueles que estão em boa forma física têm melhor chance de escapar de predadores, derrotar um adversário em combate ou se recuperar de uma infecção. Seus eixos HPA não precisam aumentar a marcha sempre que um perigo potencial surgir. Tampouco precisam entrar em pânico diante de toda ameaça real ou potencial. O sistema de estresse deles, ou seja, o eixo HPA, pode reduzir a marcha.

Quando nosso cérebro lida com o estresse psicossocial cotidiano, ele usa o mesmo sistema que os humanos têm usado historicamente para lidar com ameaças à vida. Aquilo que historicamente nos protegeu contra ameaças, incluindo a aptidão física, também acalmava os sistemas de estresse de nossos ancestrais. Como não houve alteração biológica desde aquela época, nosso eixo HPA ainda é acalmado por uma boa aptidão física, e, como resultado, ela nos deixa mais bem equipados para lidar com fontes modernas de estresse e ansiedade. Simplificando: o exercício ensina o corpo a não reagir tão fortemente ao estresse, qualquer que seja sua causa.

Então como nos tornamos conscientes do estado calmo no eixo HPA após a prática de atividade física? Meu cérebro recebe uma notificação que surge como um pensamento depois que jogo futebol? *Parabéns, Anders! Você se exercitou e agora seus níveis de cortisol estão de volta ao normal. Você está em boa forma e não terá nenhum problema em fugir se houver um leão à espreita nos arbustos.* Dificilmente. Em vez disso, eu me *sinto* assim! Sinto uma sensação de calma, de ansiedade reduzida e maior confiança na minha própria capacidade. Essa confiança vai transbordar para o que quer que esteja me deixando ansioso. Uma das descobertas psicológicas mais importantes sobre o impacto que a atividade física tem sobre nós é que ela aumenta nossa *autoeficácia*, que pode ser definida como "uma crença em nossa capacidade de concluir uma tarefa".

MAIS PERSPECTIVAS

O exercício físico não é uma panaceia, mas estas raramente existem. A medicação antidepressiva oferece bons resultados para um terço de todas as pessoas com depressão, resultados moderados para outro terço e nenhum resultado para o terço restante. Cerca de metade de todos os pacientes tratados com terapia cognitivo-comportamental experimenta efeitos benéficos, enquanto para a outra metade os efeitos são modestos. Da mesma forma, quando se trata de atividade física, os resultados variam de um indivíduo para o outro. Alguns sentem efeitos fantásticos, enquanto outros lutam para perceber qualquer diferença de fato. No entanto, em média, o impacto é bom. Se a depressão é grave ou envolve exaustão, a atividade física intensa está obviamente fora de questão. Nesses casos, descanso e recuperação são aquilo de que o corpo precisa, aliados à terapia e, muitas vezes, à medicação.

QUAL É O MÍNIMO DE EXERCÍCIO NECESSÁRIO?

Em vez de perguntar *quanto* exercício é necessário para a prevenção da depressão, devemos, na verdade, perguntar qual é *o mínimo*. A resposta curta é que apenas uma hora de caminhada em passo ligeiro por semana fornece algum nível de proteção. Se você olhar para as pesquisas, o que é impressionante é que, tanto em crianças quanto em adultos, quem tem mais a ganhar são aqueles que passam a fazer algo — por exemplo, começar a pedalar até o trabalho ou caminhar até a escola. Mais do que isso é, naturalmente, ainda melhor, e assim pode-se perguntar que nível é necessário para obter os efeitos máximos. Vários estudos importantes e bem conduzidos sugerem que algo entre duas e seis horas de exercício cardiovascular por semana é ideal. Trata-se de uma variação grande, mas a maioria dos estudos está mais próxima de duas horas do que seis. Mais de seis horas de exercício por semana parece não oferecer proteção adicional.

MAIOR CONFIANÇA NA PRÓPRIA CAPACIDADE

Jättestenskolan, uma escola do ensino fundamental com cerca de seiscentos alunos, fica a quinze minutos de carro a oeste do centro de Gotemburgo. No início da década de 2010, apenas um terço dos alunos completava o ano com aprovação em todas as disciplinas. Na tentativa de se opor a essa tendência, os diretores da escola, Lotta Lekander e Jonas Forsberg, decidiram realizar uma pesquisa. Os alunos costumavam ter educação física duas vezes por semana, mas Lekander e Forsberg queriam ver o que aconteceria se eles se exercitassem todos os dias na escola. A instituição então introduziu sessões de meia hora de atividade física para os três dias em que os alunos não tinham aulas de educação física. As sessões eram obrigatórias e realizadas no ginásio. Para evitar atrapalhar outras aulas, elas aconteciam fora do horário habitual, o que significa que o horário escolar acabou ficando um pouco mais longo. De modo a evitar estresse relacionado a notas, as sessões não eram conduzidas pelos professores de educação física, e os participantes podiam escolher entre uma ampla gama de atividades. O foco era aumentar a frequência cardíaca para 65%-70% da máxima durante trinta minutos. Nada de competição, nada de desempenho, o objetivo era apenas elevar a frequência cardíaca. O resultado? Dois anos depois, o número de alunos que passaram em todas as matérias quase dobrou.

Quando li pela primeira vez sobre essa escola, achei que parecia bom demais para ser verdade. Mas, analisando os detalhes, verifiquei que, além do aumento da atividade física, a escola também havia implementado uma série de outras mudanças. Novos funcionários haviam sido contratados e as habilidades e necessidades das crianças estavam sendo avaliadas de forma mais sistemática do que antes. Então, qual papel o exercício desempenhou? Para descobrir, decidi visitar a escola durante as gravações da famosa série de divulgação científica sueca *Din hjärna* [*O seu cérebro*]. Lekander e Forsberg me deram as boas-vindas e disseram que, embora não pudessem precisar o efeito do exercício — o foco era a implementação de mudanças práticas, não a realização de uma pesquisa —, eles acreditavam que as "sessões de batimentos", como eles as chamavam, tinham sido o fator mais importante para dar mais vigor aos alunos. Curiosamente, não era o efeito nas notas que os dois professores estavam interessados em discutir, mas o fato de que os alunos estavam se sentindo muito melhor. De acordo com Lekander e Forsberg, os alunos estavam menos estressados, menos ansiosos, e também ganharam confiança.

As impressões de Lekander e Forsberg coincidem com o que pesquisadores do Chile também observaram. Em um curto período, o Chile enfrentou alguns grandes desafios com doenças típicas de países desenvolvidos, como diabetes e doenças cardiovasculares, e os pesquisadores queriam verificar se era possível contornar isso por meio de mudanças no estilo de vida. Eles criaram um programa no qual jovens de áreas mais desfavorecidas podiam correr, jogar basquete, voleibol, futebol, ou fazer exercício aeróbico. O objetivo era que os participantes encontrassem uma forma de exercício de que gostassem, sem competição. No fim do programa de dez semanas, descobriu-se que o exercício tinha feito maravilhas para a aptidão dos jovens. Mas algo mais havia acontecido também: eles ficaram mais calmos, menos ansiosos, e sentiram um aumento na autoestima. O exercício melhora a *autoeficácia*, particularmente em crianças. Não apenas elas ganham confiança em suas habilidades atléticas, como também ficam mais confiantes em geral, mesmo em assuntos teóricos. Uma série de estudos confirma isso, incluindo uma pesquisa importante da Agência de Saúde Pública da Suécia, que mostrou que as crianças fisicamente ativas são mais satisfeitas com a vida e menos estressadas.

"NASCEMOS PARA EVITAR A FOME"

Aqui estamos diante de um mistério: se a atividade física aumenta nossa autoconfiança e nos deixa mais satisfeitos com a vida, se nos protege da depressão, subjuga a ansiedade e o estresse, diminui nosso termostato emocional e, além de tudo, fortalece todos os órgãos do corpo, por que a natureza plantou em nós o desejo de escolher a Netflix e deixar de lado a pista de corrida? Por que nosso cérebro resiste a fazer algo que é claramente tão bom para ele, algo que quase todo mundo gostaria de fazer muito mais do que de fato faz? Para entender esse paradoxo, precisamos ter duas coisas em mente. Primeiro, o cérebro pode até ter se desenvolvido para o exercício, mas seu principal objetivo é a sobrevivência; segundo, ao longo de quase toda a história da humanidade, a fome representou uma enorme ameaça para nossa vida. As calorias eram um luxo raro que fazíamos de tudo para consumir imediatamente.

Nas últimas décadas, ganhamos acesso cada vez mais constante a quantas calorias desejarmos. É apenas uma questão de abrir a geladeira ou ir às compras. Mas como a evolução é lenta — o tempo é medido em milênios em vez de décadas —, nosso cérebro ainda não se adaptou. Na savana, o cérebro estaria gritando: "Me salve da fome, consuma todas as calorias que encontrar pela frente!", e é exatamente isso que ele continua gritando enquanto estamos no mercado. Quando deparamos com a seção de doces, nosso cérebro reage da mesma maneira que teria feito se tivéssemos tido a sorte de encontrar uma árvore gigantesca carregada de frutas: "Ganhei na loteria! Vamos detonar tudo agora!" Historicamente, nunca conseguíamos calorias suficientes e, por isso, não fomos equipados com um botão "pare" para nosso desejo por calorias. Quando esse desejo perpétuo — desenvolvido ao longo de milhões de anos em um mundo carente de calorias e que nos colocava constantemente à beira da fome — é transplantado para um mundo de calorias ilimitadas, não é difícil prever o resultado. Nós comemos. E comemos. E comemos. Não há fim para o quanto queremos consumir e, sob essa ótica, nossos enormes problemas com obesidade e diabetes tipo 2 não são nem um pouco surpreendentes. O que antes era um mecanismo de sobrevivência agora é uma armadilha, pois não há mais limite para quantas calorias podemos consumir.

A quantidade de energia que o corpo tem disponível não é só uma questão de quanto comemos, mas também de quanta energia gastamos — e a atividade física, como se sabe, consome energia. É por isso que, por padrão, somos preguiçosos. Da mesma forma que o cérebro quer que consumamos todas as calorias na seção de doces, ele também quer que fiquemos no sofá e evitemos queimar calorias desnecessárias. Você pode estar pensando que alguém acima do peso tem energia de sobra, então por que o cérebro ainda quer que a pessoa relaxe? A resposta é que, ao longo da história, quase nunca estivemos acima do peso. Pode ter havido um punhado de imperadores, faraós, reis e rainhas robustos, mas eram muito mais a exceção do que a regra.

Durante mais de 99,9% do nosso tempo na Terra, não tivemos o luxo de ter quilos em excesso ao redor da cintura a que recorrer sempre que a comida estava escassa, e é por isso que o corpo e o cérebro nunca desenvolveram mecanismos de defesa para dizer: "Você tem mais energia do que precisa. Saia e se movimente para perder alguns quilos e não ter um ataque cardíaco daqui a trinta anos." Os seres humanos nunca tiveram excesso de peso antes; a maioria nunca chegou a uma idade em que normalmente sofreria um ataque cardíaco.

Hoje o excesso de peso e a obesidade têm enormes efeitos sobre a nossa saúde, enquanto a fome no mundo desenvolvido é extremamente rara. Ao longo de quase toda a história da humanidade, o exato oposto era verdadeiro: o excesso de peso não era um problema, e a ameaça iminente de fome era enorme. Como resultado, a evolução desenvolveu não apenas um, mas toda uma série de mecanismos de defesa para combater a fome. Se começarmos a perder peso, sentiremos mais fome. Além disso, nosso metabolismo basal (a quantidade de energia que nosso corpo gasta em repouso) cai e a absorção de nutrientes do intestino aumenta. Esses mecanismos têm uma mesma função: o corpo está tentando manter o peso, pois percebe os quilos perdidos, sejam eles decorrentes do excesso de peso ou não, como uma ameaça de fome. Embora esses mecanismos tenham ajudado nossos ancestrais a evitar a fome, eles são uma ferramenta bastante eficaz quando se trata de seguir uma dieta.

Assim como evoluímos para buscar alimentos ricos em calorias e escapar do risco de fome, também evoluímos para buscar relaxamento, para economizar calorias valiosas sempre que possível. Em suma, *fomos feitos* para ser preguiçosos. Nossos ancestrais iriam pensar que temos um parafuso a menos se descobrissem que corremos e suamos sem sair do lugar, ou que levantamos objetos pesados no ar apenas para largá-los de novo. Para eles, gastar energia voluntariamente em algo improdutivo como correr ou levantar peso seria tão estúpido quanto jogar comida pelo ralo.

Fomos feitos para ser preguiçosos. Nossos ancestrais iriam pensar que temos um parafuso a menos se descobrissem que corremos e suamos sem sair do lugar.

Um sinal de que o conceito de "exercício" provavelmente teria sido absurdo para quase todas as gerações anteriores vem dos caçadores-coletores que ainda estão vivos hoje. Dos quinze a dezoito mil passos que eles dão diariamente, quase todos têm um propósito específico. Ao contrário do que se possa pensar, eles não pulam de uma atividade para outra. Na verdade, passam a maior parte do dia sentados, muitas vezes juntos, e dedicam apenas de quatro a cinco horas por dia à caça e à coleta. Então é natural que você e eu, como os caçadores-coletores contemporâneos, prefiramos ficar jogados no sofá a amarrar o tênis de corrida.

DESPISTE A EVOLUÇÃO!

A última década foi palco para uma série de descobertas inesperadas que revelaram que a atividade física melhora não apenas a maneira como nos sentimos, mas também nossas faculdades mentais. Em um estudo, os alunos tinham que ouvir uma sequência de palavras em fones de ouvido. Um grupo ouvia enquanto caminhava; outro, enquanto estava sentado. Quando perguntados 48 horas depois, descobriu-se que aqueles que estavam andando se lembravam de 20% mais palavras. Outros estudos mostram que o exercício físico aumenta a concentração e a criatividade. Por exemplo, um estudo relatou que a capacidade de fazer *brainstorming* melhorou em mais de 50% na hora seguinte ao exercício.

Quando li pela primeira vez sobre esses experimentos, fiquei surpreso. Para mim, o conceito de "treinamento cerebral" só me trazia à mente sudoku, palavras cruzadas e aplicativos de quebra-cabeças. De que modo a atividade física poderia ter um efeito maior sobre as faculdades mentais, como memória, concentração e criatividade, do que essas ferramentas cognitivas?

A explicação provável é que o cérebro é o órgão do corpo que consome mais energia e, como todos os outros órgãos, evoluiu para ser o mais eficiente possível em termos energéticos. Portanto, ele *só funcionará tão bem quanto necessita*. Durante a maior parte da história da humanidade, precisávamos mais de nossas faculdades mentais quando estávamos em movimento. Com o movimento, passamos a deparar com novos ambientes e a ganhar impressões sensoriais de que tínhamos que lembrar. A caça é o que mais nos exigia concentração e habilidades de resolução de problemas. Até a outra parte do estilo de vida do caçador-coletor, fazer a coleta, é mentalmente desgastante. Ao percorrerem as terras, os coletores precisavam ter concentração total para procurar algo comestível nos arredores, mantendo-se atentos a possíveis ameaças e rotas de fuga. A margem de erro era pequena, e, se eles não encontrassem nada para comer, então em uma ou duas semanas a fome chegaria. Tudo isso significava que as faculdades mentais tinham que estar na melhor forma possível.

Se o cérebro tivesse evoluído para o mundo de hoje, nossas faculdades mentais seriam mais afiadas quando estivéssemos diante de um computador. Mas os computadores só existem há duas gerações, e isso é muito pouco tempo para nos adaptarmos. Como consequência, o fato de que a atividade física aguça nossas faculdades mentais oferece uma maneira de "despistar" a evolução. Quando corremos em uma esteira ou caminhamos a passo rápido, enganamos o cérebro para ampliar nossas faculdades mentais e, assim, podemos usá-las da maneira que nos convém. O único limite é o nosso fôlego!

Para mim, aprender que há uma lógica por trás de nossos sentimentos contraditórios em relação ao exercício é um insight importante. Sei que as forças biológicas que foram aperfeiçoadas ao longo de dezenas de milhares de gerações estão me puxando para o sofá, mas também sei que as mesmas forças afiaram meu cérebro para me sentir melhor e trabalhar com mais capacidade se eu me mexer. Quando o exercício parece uma luta árdua demais, às vezes digo a mim mesmo para não deixar meus genes — muito menos a evolução! — me controlarem. Quem manda sou eu! Eu estaria mentindo se dissesse que esses pensamentos sempre me levam a colocar meus tênis, mas às vezes o truque funciona.

INTELIGENTE — MAS NÃO SÁBIO

Usamos nosso cérebro inteligente — mas nem sempre sábio — para excluir exercícios desnecessários porque somos preguiçosos por natureza. Mas, embora essa tenha sido uma estratégia que funcionou muito bem por centenas de milhares de anos, na sociedade moderna ela se tornou uma armadilha fatal. A Organização Mundial de Saúde estima que a cada ano cinco milhões de pessoas morrem precocemente porque não praticam exercícios o bastante. Por esse cálculo, é provável que, em 2020, o número de vítimas de covid-19 tenha sido equivalente ao de pessoas que morreram devido ao estilo de vida sedentário.

Até agora, a sociedade elegeu a conveniência como prioridade, já que *scooters* elétricas e entregas em domicílio têm ajudado a eliminar os últimos poucos passos de nossa vida. Mas estamos aprendendo que perdemos algo vital ao longo do caminho quando se trata dos riscos não apenas para a saúde física, mas também para a saúde mental. Acredito que temos que começar a encontrar maneiras inteligentes de trazer de volta a atividade física para nossa vida. E isso não tem nada a ver com esportes ou desempenho. Pode significar apenas começar a andar ou ir para o trabalho de bicicleta e subir as escadas em vez de pegar o elevador. Faça qualquer coisa que possa se tornar um hábito. O ideal é que seja algo que você faz sem pensar, da mesma forma que escovamos os dentes meio que automaticamente.

Você pode achar a inatividade da vida moderna assustadora. Mas há outra maneira de olhar para isso: como uma fonte de enorme potencial. Se quisermos realmente fazer uma tentativa não apenas para tratar, mas também para evitar toda uma série de doenças físicas, bem como problemas de saúde mental com que tantas pessoas parecem estar sofrendo, a atividade física é um baú do tesouro de potencial inexplorado. Se você se exercita muito pouco, fique feliz: todo esse tesouro ainda o espera, e você será um dos que vão se beneficiar mais dos efeitos. Os maiores impactos no humor, na tolerância ao estresse e nas faculdades mentais são observados naqueles que deixam de fazer nada para fazer um pouco.

POR QUE ESQUECEMOS O CORPO?

Você não está sozinho se desconhecia o papel desempenhado pelo corpo na prevenção da ansiedade e da depressão. A julgar pelas reações ao meu livro *The Real Happy Pill* [A verdadeira pílula da felicidade, em tradução livre], que analisou como o exercício estimula o cérebro, é claro que muitas pessoas subestimaram o papel do corpo no estado mental. Quase todos os dias, alguém vem até mim e me diz como o livro mudou sua vida. A maioria diz que começou a se exercitar e que isso já os fez sentir melhor. Alguns encontros nunca esquecerei: em um deles, um homem de trinta e poucos anos veio correndo até mim no aeroporto de Arlanda, em Estocolmo. Ele me disse que cresceu em uma região devastada pela guerra e que seu estresse pós-traumático daquele período às vezes era tão difícil de suportar que ele chegara a considerar tirar a própria vida.

Depois de ler o livro, ele começou a correr — cautelosamente no início, e então foi intensificando o exercício. À medida que a ansiedade diminuiu, ele conseguiu reduzir a ingestão de bebida alcoólica. Por fim, ele já não tinha certeza de qual dos dois fizera a maior diferença — correr ou reduzir o consumo de álcool —, mas, sem o efeito calmante que a corrida teve sobre a ansiedade, ele nunca teria conseguido lidar com o problema da bebida alcoólica. Na vida adulta, ele nunca havia se sentido melhor, e sua única reclamação sobre *The Real Happy Pill* era que eu não o escrevera dez anos antes!

É claro que devemos ser cautelosos ao tirar conclusões das reações a um livro de divulgação científica, mas é impressionante para mim que muitas pessoas tenham dito a mesma coisa: que, antes de lerem o livro, consideravam balela o efeito que o exercício tem sobre as emoções. Fiquei me perguntando por quê, e acho que pode ser porque na filosofia ocidental tradicionalmente separamos corpo e alma. Uma longa lista de pensadores influentes, de Platão em diante, descreve uma alma que vive fora do corpo e do cérebro. Tal divisão entre corpo e alma presta-se bem a uma crença em um "fantasma na máquina" — de que há algo mais do que o cérebro dentro de nós, como um espírito ou alma. Esse pensamento é, naturalmente, atraente — é quase impossível conceber o fato de que nossos sentimentos mais íntimos se passam dentro de um órgão que se parece com um monte de salsichas esmagadas.

Cada vez mais, e talvez de forma um pouco relutante, as pessoas começaram a aceitar que sentimentos, pensamentos e experiências ocorrem no cérebro, e que suas convoluções não contêm espíritos, almas ou fantasmas. Ao fazer isso, abandonamos a divisão entre corpo e alma e adotamos a divisão entre corpo e cérebro.

No entanto, essa divisão é artificial. Os cérebros não circulam ao redor do mundo em redomas de vidro, separados do corpo. Nenhum cérebro jamais existiu sem um corpo. O fato é que o cérebro não se desenvolveu para pensar, sentir ou nos tornar conscientes, mas para conduzir e controlar o corpo. Segundo a neurocientista Lisa Feldman Barrett: "À medida que os corpos ficaram maiores e mais complexos durante a evolução, os cérebros também se desenvolveram."

O cérebro e o corpo estão intimamente ligados e, neste livro, descrevi alguns exemplos recentemente descobertos dessa ligação, como o fato de o cérebro receber informações do sistema imunológico ou a maneira como ele usa estímulos internos e externos para criar sentimentos. Como esses estímulos externos — impressões sensoriais, ou o que está acontecendo no trabalho, na escola e em nossa vida social — são claramente visíveis e mensuráveis, tem sido muito fácil recorrer a eles ao tentar explicar nossos sentimentos e o motivo de ficarmos deprimidos ou ansiosos. No entanto, os estímulos internos do corpo são mais difíceis de capturar, pois são, por definição, subjetivos. Mas as pesquisas revelam que o papel que desempenham em nosso bem-estar é igualmente profundo.

Em outras palavras, podemos "equilibrar" o cérebro e influenciar nossos sentimentos, nossa depressão e nossa ansiedade por meio da terapia ou de medicamentos, mas nosso condicionamento físico é mais importante do que a maioria acredita. Se me permitem especular, creio que a pesquisa está apenas começando a desconstruir essa divisão artificial entre corpo e cérebro. À medida que essa divisão desaparecer, começaremos a ver a depressão, a ansiedade e o bem-estar humano não apenas sob uma perspectiva *psicológica*, mas também *fisiológica*. E é sob essa mesma ótica que devemos enxergar a atividade física.

CAPÍTULO 7

SERÁ QUE NOS SENTIMOS PIOR DO QUE NUNCA?

Foi o melhor dos tempos, foi o pior dos tempos.
CHARLES DICKENS, *UM CONTO DE DUAS CIDADES*

NO FIM DA MINHA ADOLESCÊNCIA, comecei a me interessar por história. Mas não era apenas um interesse no Renascimento ou na história medieval, ou mesmo no berço da civilização no Egito e na Mesopotâmia. Eu estava interessado na história da *nossa espécie*. A história de como um primata africano insignificante e sem pelo, um mamífero entre muitos outros, veio a ser a criatura dominante na Terra. Eu lia tudo o que estivesse ao meu alcance e me lembro de ficar particularmente surpreso com as enormes disparidades entre o que matou nossos antepassados e o que nos mata agora.

Alguns anos mais tarde, quando estudava medicina e fazia residência no Karolinska University Hospital, na Suécia, estive cara a cara com essas disparidades na vida real. Quase nenhum paciente estava recebendo tratamento para doenças das quais nós, humanos, morremos ao longo da história. Ninguém lutava contra a varíola ou a malária; ninguém tinha paralisia em decorrência de poliomielite. Há de se reconhecer a contribuição fantástica da medicina moderna para que tenhamos contido, e até erradicado, algumas das piores e mais fatais doenças da história. Mas então me ocorreu quantos desses pacientes estariam no hospital se tivessem vivido como nossos ancestrais. O paciente com diabetes tipo 2, cujo altíssimo nível de açúcar no sangue o deixou em coma, dificilmente estaria lá. O diabetes tipo 2 é causado, entre outras coisas, por pressão alta e obesidade, ambas provavelmente muito raras entre nossos ancestrais. O mesmo vale para os pacientes que sofreram um ataque cardíaco, para os quais obesidade, tabagismo e diabetes tipo 2 são fatores de risco. Na ala também havia alguns pacientes que tinham sofrido um AVC — eles provavelmente também não estariam lá, já que a pressão alta é o maior fator de risco para o derrame.

Mais tarde, na residência, quando eu estava trabalhando na ala psiquiátrica do mesmo hospital, tive os mesmos pensamentos. Dessa vez foi mais difícil adivinhar quantos teriam sido admitidos se tivessem vivido como nossos ancestrais. Várias pessoas naquela ala tinham sido diagnosticadas com esquizofrenia, e eu suspeitava de que eles provavelmente teriam esse transtorno de qualquer maneira. A esquizofrenia é, em grande parte, hereditária, e surpreendentemente pouco aconteceu com nossos genes desde nossos dias na savana. Isso também vale para os pacientes que tinham as formas mais graves de transtorno bipolar, antes chamado de "depressão maníaco-depressiva", que também é em grande parte uma doença hereditária.

Mas será que os pacientes que eram maioria na ala, aqueles que haviam sido admitidos por depressão e ansiedade, estariam lá se tivessem vivido como nossos ancestrais? Percebi que a pergunta que eu estava realmente fazendo era: será que nos sentimos pior do que nunca?

Claro, é bastante complicado especular sobre a vida emocional das gerações anteriores; os cérebros não fossilizam e nossos ancestrais não nos deixaram nenhuma avaliação psicológica. No entanto, é óbvio que eles foram colocados à prova de forma rigorosa. Sabemos que metade deles morreu antes de chegar à adolescência. Isso significa que a maioria dos adultos perdeu pelo menos um filho. Havia tantos deprimidos como hoje? Para dar um palpite qualificado, podemos estudar aqueles que hoje vivem como caçadores. No entanto, nesse contexto, fazer algumas visitas estranhas a um local exótico e pedir às pessoas que preencham um questionário não vai ser o suficiente; os pesquisadores devem ser aceitos pela comunidade e acompanhar a população ao longo de anos. O antropólogo Edward Schieffelin fez exatamente isso ao passar mais de uma década com o povo kaluli da Papua-Nova Guiné. Ele testemunhou dor e sofrimento, mas, apesar das condições de vida extremamente desafiadoras, só conseguiu encontrar alguns deprimidos entre os dois mil entrevistados, os quais tendiam a sofrer apenas com sintomas leves.

James Suzman chegou à mesma conclusão depois de viver com os bosquímanos do Kalahari por duas décadas. Ele identificou tipos de depressão como conhecemos hoje, mas eram incomuns. Vários outros antropólogos que estudaram povos em estruturas sociais pré-industriais, incluindo o povo hadza na Tanzânia e o povo torajan na Indonésia, chegaram à mesma conclusão: poucos têm depressão. O que é impressionante é que as condições de vida dos caçadores-coletores modernos são muito difíceis, assim como foram para nossos ancestrais. Quase metade das crianças morre antes de atingir a puberdade, o que, naturalmente, é devastador para os pais. No entanto, embora lamentem de forma profunda a perda dos filhos, é raro que fiquem deprimidos.

Todavia, seria sensato ter cautela antes de extrapolar muito e de forma descontrolada as experiências de Suzman, Schieffelin e outros antropólogos, pois eles não são qualificados para diagnosticar a depressão. Além disso, os integrantes deprimidos da tribo podem ter escondido seus problemas, e não podemos dizer com certeza que os caçadores-coletores de hoje representam como vivemos historicamente.

Ainda assim, as descobertas levantam uma questão interessante: há algo no estilo de vida das tribos que poderia protegê-las contra a depressão? Ou podemos virar a questão pelo avesso e nos perguntar: há algo em nosso estilo de vida que nos torna propensos à depressão?

A VIDA NO CAMPO

Essa foi a questão que pesquisadores americanos queriam esclarecer quando embarcaram em um estudo com 657 mulheres vivendo em sociedades com diferentes graus de modernização. Um grupo vivia na Nigéria rural; outro, em ambientes urbanos no mesmo país; outro morava no Canadá rural; e outro, nas principais metrópoles dos Estados Unidos. As mulheres foram questionadas sobre como estavam se sentindo, se dormiam bem, se tinham alguma dificuldade de concentração, se se sentiam cansadas, sem energia, inquietas ou indecisas, ou se tinham baixa autoconfiança. As perguntas foram baseadas nos critérios para depressão encontrados no Manual Diagnóstico e Estatístico de Transtornos Mentais (DSM), a bíblia dos diagnósticos psiquiátricos.

As respostas mostraram que, quanto mais modernizada era a sociedade, mais as pessoas apresentavam sintomas de depressão. As mulheres na Nigéria rural pareciam gozar de melhor saúde mental do que as que viviam em cidades nigerianas, que, por sua vez, se sentiam melhor do que as mulheres no interior do Canadá. Aquelas que pareciam ter o menor grau de bem-estar eram as mulheres que viviam nas principais metrópoles dos Estados Unidos. Esse padrão estava mais aparente sobretudo em mulheres com menos de 45 anos. Mas também aqui devemos ser cautelosos quanto às nossas conclusões. Não está claro que as mulheres eram comparáveis. Afinal, nos mudamos de um lugar a outro com base na vida que queremos levar. Se as pessoas ambiciosas e motivadas pela ansiedade são mais propensas a se mudar do campo para, digamos, Manhattan, na tentativa de remediar a autoestima vacilante fazendo carreira na Big Apple, a cidade logo estará cheia de indivíduos movidos pela ansiedade. Enquanto isso, menos indivíduos ansiosos estarão no campo. Ao comparar um morador de Nova York selecionado aleatoriamente com um norte-americano do interior também escolhido ao acaso, corremos o risco de comparar alhos e bugalhos. Isso também pode ocorrer ao compararmos mulheres na Nigéria rural com as habitantes da grande cidade de Lagos. Quem tem certos traços de personalidade tende a se mudar para as cidades, enquanto outras pessoas se afastam delas.

Embora os pesquisadores tenham pedido a um psiquiatra que revisasse as perguntas para que fossem interpretadas exatamente da mesma maneira por participantes nos Estados Unidos, na Nigéria e no Canadá, as diferenças linguísticas também podem ter tido influência. Além disso, pode ter havido diferenças culturais em jogo na forma como expressamos nossas emoções. Em algumas sociedades, as pessoas descrevem seus sintomas de depressão como queixas físicas; dizer que as costas doem pode ser uma maneira de dizer que a alma dói. Mas mesmo com todas essas possíveis fontes de erro, o estudo ainda sugere que as mulheres em países menos desenvolvidos, pelo menos, não se sentem *pior* do que nós, o que significa que há mais uma razão para acreditar que algo em seu estilo de vida as protege contra a depressão. Em breve, voltaremos a esse assunto.

SERÁ QUE NOS SENTIMOS PIOR AGORA DO QUE NAS ÚLTIMAS DÉCADAS?

Por mais interessantes que sejam essas descobertas, ainda acho que essas mulheres estão distantes demais da nossa realidade, então vamos dar uma olhada na incidência de depressão em outro grupo e com dados mais recentes. Nas últimas décadas, a Suécia tem testemunhado uma explosão nas prescrições de medicamentos antidepressivos. Hoje, um em cada oito adultos recebe essa medicação. Mas a Suécia não está no topo da lista — no Reino Unido, na Islândia e em Portugal, esses números são ainda maiores. A curva ascendente na maioria das faixas etárias e nos países economicamente afluentes é tão íngreme que há o risco de provocar a mesma condição que descreve.

Então, nós nos sentimos pior? Bem, ainda não é possível dizer com certeza, pois só olhar para o número de pessoas que recebem prescrição médica não é suficiente. Afinal, o número elevado pode ser consequência do fato de que hoje as pessoas são mais propensas a procurar ajuda, ou que os médicos mantêm os blocos de receituário mais ao alcance. É possível ter uma vaga ideia de como o bem-estar mudou ao longo de algumas décadas se observarmos estudos em que as mesmas perguntas sobre depressão e seus sintomas foram feitas a um grande número de pessoas selecionadas aleatoriamente em diferentes épocas. Uma dessas pesquisas, que fornece dados de seiscentos mil norte-americanos, mostra que a depressão realmente se tornou mais comum nos Estados Unidos entre 2005 e 2015. Isso é um fato particularmente entre os adolescentes, entre os quais houve um aumento de pouco mais de 40%.

Um estudo francês revelou que havia mais pessoas com depressão em 2005 do que no início da década de 1990, mas esse aumento foi bastante sutil. Em um estudo australiano abrangente, estimou-se que 6,8% da população estava deprimida em 1998, em comparação com 10,3% em 2008 — quase o dobro ao longo de uma década. No entanto, quando os pesquisadores alemães revisaram as descobertas de 1997 a 2012, descobriu-se que tantas pessoas estavam deprimidas em 2012 quanto em 1997.

No Japão, o número de pessoas com depressão aumentou 64% entre 2003 e 2014. No entanto, a principal causa do aumento parece ser o fato de que mais pessoas estão buscando ajuda, de modo que números maiores não significam necessariamente que mais indivíduos estejam deprimidos. A Organização Mundial de Saúde afirmou que o número de pessoas com depressão aumentou no mundo todo entre 2005 e 2015, mas vale lembrar que, no mesmo período, a população do mundo cresceu 13%.

Entendo que essa enxurrada de números e estatísticas pode ser confusa — certamente foi para mim. Os estudos não apontam de forma inequívoca para uma direção específica. Alguns mostram que mais pessoas no mundo hoje estão deprimidas, enquanto outros sugerem apenas um ligeiro aumento, se houver. Tudo fica ainda mais turvo por causa da dificuldade de comparar estudos de diferentes períodos. Afinal, não há exame de sangue, raio X ou gene que possa dizer decisivamente se alguém tem depressão. Os estudos são todos baseados na elaboração de perguntas sobre como a pessoa se sente, e, ao contrário de imagens de raio X, exame de sangue e testes genéticos, as palavras podem mudar de sentido. Se a cada dez anos perguntássemos a mil suecos se eles se sentem para baixo com frequência, a resposta deles refletiria o que quer que "para baixo" quisesse dizer naquele momento. No entanto, a expressão pode ter significado uma coisa na década de 1970 e ter um sentido completamente diferente hoje. Não é preciso ir muito longe. Quando eu estava no ensino médio na década de 1990, a palavra "psiquiatria" me fazia pensar, e tenho certeza de que a muitos outros também, em camisas de força e quartos acolchoados. Como consequência, muitos não se atreviam a procurar ajuda psiquiátrica. Ter mais pessoas falando sobre transtornos mentais hoje é algo bom, mas dificulta a comparação das descobertas atuais com as pesquisas realizadas no passado.

Tentar descobrir se de fato mais pessoas estão deprimidas atualmente parece uma tarefa quase impossível, mas decidi não desistir e fiz mais algumas pesquisas. Depois de ler diversos estudos, artigos e relatórios, cheguei à conclusão de que a maioria daqueles mais bem conduzidos e meticulosos, que empregaram questões que não tendem a mudar de significado ao longo do tempo e que também mediram sintomas objetivos em um grande número de indivíduos, sugere que não há diferença significativa, ou que nos sentimos um pouco melhor, mas que o aumento é pequeno. A exceção está nas adolescentes; nesse grupo, há muito a sugerir que a depressão e a ansiedade de fato aumentaram na última década, como vimos no Capítulo 5.

Além disso, é impossível dizer se mais pessoas estão deprimidas hoje do que há vinte ou trinta anos. Isso também vale para diagnósticos de TDAH e autismo. Os estudos mais exaustivos sugerem que, embora o número de diagnósticos tenha aumentado de forma acentuada, isso não se deve a uma maior incidência de casos. Não significa necessariamente que haja um excesso de pessoas sendo diagnosticadas hoje, e sim que *mais* indivíduos provavelmente deveriam ter sido diagnosticados há vinte anos.

No entanto, o que podemos dizer que é de fato notável é que o número de casos de depressão claramente não diminuiu! Não é só o fato de que muito mais pessoas estão recebendo medicação e terapia agora do que algumas décadas atrás; os desenvolvimentos dos últimos anos na medicina também foram extraordinários. Já mencionei que o século XX testemunhou enormes avanços no tratamento de doenças infecciosas e que a trajetória positiva para o progresso na medicina não parou. Quando passamos a sobreviver em maior número a infecções, as principais causas de morte começaram a ser ataques cardíacos e câncer, mas, até mesmo no tratamento dessas doenças, vimos grandes progressos. Na Suécia, a letalidade dos ataques cardíacos diminuiu mais de 50% desde a virada do milênio. Na década de 1980, quatro em cada dez pessoas ainda estavam vivas dez anos após o diagnóstico de infarto do miocárdio; hoje esse número é de sete em cada dez. Os avanços na medicina nos ajudam a viver mais tempo. No mundo, a expectativa média de vida aumentou sete anos desde 1990. Na Suécia, na Europa e no Japão, aumentou cinco anos no mesmo período, ou seja, dois meses por ano. E não estamos apenas acrescentando mais anos à nossa vida; estamos adicionando mais anos *saudáveis*.

O desenvolvimento na economia e na medicina andam de mãos dadas. O produto interno bruto da Suécia aumentou quase 100% desde a década de 1990; o país ficou duas vezes mais rico. E a Suécia não está sozinha. Para citar apenas alguns exemplos, a economia da Alemanha cresceu 80% entre 1997 e 2012, e a dos Estados Unidos quase triplicou entre 1990 e 2018.

Todavia, apesar desses fantásticos desenvolvimentos na medicina e economia, não parecemos estar nos sentindo muito melhor mentalmente. É impressionante que mais pessoas não estejam refletindo sobre isso, já que a principal promessa de toda ideologia, religião e partido político é criar bem-estar e nos fazer sentir melhor. Se você está se perguntando o que a economia tem a ver com a forma como nos sentimos, tente perguntar a um capitalista obstinado por que devemos nos preocupar com o desenvolvimento econômico. Ele lhe dirá que é para que possamos aproveitar a vida. E se você perguntar, ingenuamente, por que devemos aproveitar a vida, será informado de que, obviamente, é para que possamos nos *sentir bem*. Mas parece que não estamos nos sentindo assim. Por mais que tudo esteja indo bem, na verdade nos sentimos bem mal.

Apesar dos fantásticos desenvolvimentos na medicina e na economia das últimas décadas, não parecemos estar nos sentindo melhor mentalmente.

POR QUE AINDA ESTAMOS NO MESMO LUGAR?

O fato de que hoje não nos sentimos muito melhor do que vinte anos atrás, apesar dos vários avanços, pode ser desmoralizante. Parece que sempre vamos nos sentir assim, não importando o progresso na medicina e na economia. Qualquer tentativa de mudar isso é inútil. Mas, como psiquiatra, eu me recuso a acreditar que esse seja o caso. Por meio da terapia, do exercício e da medicação, já vi um número suficiente de pessoas não apenas se recuperarem da depressão e da ansiedade, mas também aprenderem a evitá-las, e é por isso que acredito que a busca pela saúde mental é tudo, menos um caso perdido! Embora a questão de saber se nos sentimos melhor ou pior do que há vinte, duzentos ou vinte mil anos seja certamente interessante, a chave é pensar quais medidas podemos adotar no presente.

Claro, não existe vacina contra problemas de saúde mental — espero que agora você concorde que isso é irreal —, mas, apesar disso, podemos nos sentir muito melhor. Como vamos conseguir isso é uma questão complexa que deve ser considerada sob vários pontos de vista. Uma perspectiva importante que muitas vezes é esquecida são os achados paradoxais de Suzman, Schieffelin *et al.* de que depressões são incomuns nos caçadores-coletores modernos, embora eles vivam em condições materialmente difíceis. Há algo no estilo de vida deles que os protege da depressão ou, inversamente, algo no nosso estilo de vida que nos torna mais suscetíveis a ela. Acredito que esse "algo" seja, acima de tudo, praticar atividade física e passar tempo com outras pessoas. Aqueles que ainda vivem como caçadores-coletores muitas vezes andam de quinze mil a dezoito mil passos por dia e são fisicamente ativos por duas a três horas, com uma hora de atividade intensa. Eles também têm fortes vínculos sociais e vivem muito próximos uns dos outros. Esses dois fatores os protegem contra a ansiedade e a depressão. Somado a isso está o fato de que raramente fumam, estão menos expostos a toxinas ambientais e não comem tantos alimentos processados quanto nós. Também trabalham menos e vivem em sociedades mais igualitárias.

E SE (...)?

O papel preciso desempenhado por cada um desses fatores é, naturalmente, difícil de quantificar. O que está claro, no entanto, é que a atividade física e a solidão reduzida são importantes, e mudanças relativamente pequenas podem ajudar muitos a evitar situações em que precisam de tratamento para problemas de saúde mental. Imagine se nos exercitássemos um pouco mais, aumentássemos o número de passos diários para, digamos, dez mil, e priorizássemos encontros presenciais com um pouco mais de frequência. Imagine se todos aqueles que não se sentem sozinhos dedicassem uma hora por semana para ajudar alguém nessa condição. O que aconteceria? Talvez possamos ter uma ideia aproximada dos estudos que descrevi anteriormente, nos quais os pesquisadores calcularam que 20% delas são causadas pela solidão e que 12% de todas as depressões poderiam ser evitadas se nos exercitássemos mais. Sob uma perspectiva global, isso significaria que o número de pessoas com depressão poderia cair em até cem milhões.

Provavelmente teríamos muito mais a ganhar do que somente a redução de casos na depressão.

Os caçadores-coletores modernos que atingem a terceira idade são excepcionalmente saudáveis. O excesso de peso e a obesidade são muito incomuns, assim como a pressão alta. O diabetes tipo 2 é tão raro que tem sido difícil obter uma estatística — simplesmente não conseguimos encontrar ninguém acometido pela doença. Os vasos sanguíneos dos indivíduos de oitenta anos da tribo tsimané na Bolívia têm a mesma forma física do que os dos ocidentais de 55 anos. Tudo isso é ainda mais notável quando se descobre que nenhum deles recebeu prescrição de medicamentos para baixar a pressão arterial ou os lipídios. Ninguém verifica os níveis de glicose deles ou solicita que façam um check-up. Eles nem sequer têm acesso a água corrente e eletricidade.

Apesar da ausência de todas as formas de cuidados de saúde e de instalações das mais básicas, os caçadores-coletores modernos estão em forma física excepcionalmente boa, e o mesmo parece ser verdade em relação ao bem-estar emocional deles. A depressão é incomum, ainda que não tenham acesso a terapeutas nem a antidepressivos, e ainda que a maioria de todos os adultos tenha perdido pelo menos um filho. Só podemos especular como seria nossa saúde física e emocional no Ocidente se de repente perdêssemos o acesso a todos os cuidados de saúde, antidepressivos e terapia, e se a maioria dos adultos tivesse perdido um filho.

Quase duas décadas de trabalho como médico me fizeram perceber que, quando se trata de saúde humana e bem-estar emocional, não teremos as maiores recompensas fazendo pesquisas espetaculares ou receitando psicotrópicos a uma porcentagem ainda maior da população. Provavelmente veremos os melhores resultados a partir de algo tão antiquado e de baixa tecnologia como compartilhar conhecimento e motivar as pessoas a dar um passeio extra ou visitar seus entes queridos com um pouco mais de frequência.

Isso também se aplica em termos econômicos. Por treze anos, o psiquiatra Thomas Insel liderou o Instituto Nacional de Saúde Mental nos Estados Unidos, o maior financiador de pesquisas psiquiátricas do mundo. No seu mandato, uma quantia impressionante de 20 bilhões de dólares foi destinada às pesquisas. Em 2017, Insel resumiu o impacto dos bilhões investidos:

> Quando olho para trás, percebo que, embora eu ache que tenhamos sido bem-sucedidos em publicar vários artigos incríveis (...), não acho que promovemos mudanças significativas na redução do suicídio e das hospitalizações, ou na melhoria da recuperação de dezenas de milhões de pessoas com transtornos mentais.

Podemos realizar todas as pesquisas do mundo sobre o cérebro e desenvolver o conhecimento mais avançado, mas, se ele não mudar nossa vida, então, em última análise, não faz sentido. Não estou dizendo que a pesquisa psiquiátrica é inútil — nada poderia estar mais longe da verdade. Mas, quando se trata de nossa saúde física e mental, é importante não apenas olhar para a frente, acolhendo novas tecnologias inovadoras e resultados de pesquisa espetaculares, mas também observar a nossa história evolutiva e compartilhar conhecimentos que ofereçam uma compreensão mais profunda de como a depressão e a ansiedade podem ser evitadas, e, ao fazê-lo, promover comportamentos para evitarmos ficar em situações em que precisamos de assistência psiquiátrica. Não podemos retroceder para uma vida na savana, mas podemos tirar lições das condições históricas que nos moldaram.

Mas se não evoluímos para nos sentirmos felizes, e se muito do que vemos como doença pode ser um mecanismo de defesa, quem vamos ajudar? Onde traçamos a linha entre oscilações emocionais normais que são parte da vida e algo que deveria ser diagnosticado? Quando é que se sentir para baixo vira depressão? O que é timidez e o que é fobia social? Não há respostas simples aqui, além do fato de que você deve procurar ajuda se sua vida está sendo limitada pelo seu estado de espírito. O limiar para o sofrimento que estamos dispostos a aceitar tem ficado cada vez mais baixo e, no meu livro, isso é considerado progresso. Na Suécia, o fato de que mais pessoas estão procurando ajuda, recebendo medicação e fazendo terapia ajudou a reduzir o índice de suicídio em 30% desde a década de 1990. Parece claro, então, que falar abertamente sobre o transtorno mental salva vidas e alivia o sofrimento. Estou convencido de que essa abertura resolve mais problemas do que cria. Mas não é livre de complicações, e no próximo capítulo vamos olhar mais de perto uma armadilha para evitarmos cair nela.

CAPÍTULO 8

O INSTINTO DO DESTINO

Se você pensa que pode ou pensa que não pode, você está certo.
HENRY FORD

Eu sabia que acabaria assim mais cedo ou mais tarde. Era só uma questão de tempo até eu ficar deprimido. Vários dos meus parentes têm depressão, então acho que tenho muito pouca serotonina no cérebro.

OUVI MUITOS DOS MEUS PACIENTES dizerem algo nesse sentido. Alguns dizem que estão sofrendo de falta de serotonina; outros, de dopamina. Há ainda quem diga que tem genes "ruins". O problema não é que eles estejam descrevendo seus sintomas de depressão ou ansiedade em termos biológicos — mesmo que, como sabemos, não seja tão simples quanto ter "muito pouca" serotonina. O problema é que eles veem seus problemas como algo predestinado.

Como seres humanos, tendemos a acreditar que as coisas não podem ser mudadas e que os eventos são inevitáveis. Essa é uma idiossincrasia psicológica que é totalmente natural. Quando você pensa na sua infância, provavelmente se lembra de um mundo que era, em muitos aspectos, diferente do de hoje, sem smartphones, internet ou até computadores. Mas você é uma exceção: por quase toda a história da humanidade, não houve tanta mudança assim. O mundo em que as pessoas cresciam era basicamente o mesmo em que envelheciam, se tivessem a sorte de atingir a velhice. O cérebro, e com ele nossas faculdades mentais, se adaptou ao longo de centenas de milhares de anos para esperar que o mundo ao nosso redor não mudasse. Hans Rosling, o distinto professor de saúde global, chamou de "instinto do destino" nossa inclinação para acreditar que o mundo "é o que é". O instinto do destino não só nos engana e nos faz acreditar que certos continentes e países estão condenados a seguir uma progressão particular, mas também nos faz acreditar que não podemos mudar e que estamos condenados a nos sentir de uma certa maneira para sempre. Creio que, se virmos nossa vida emocional pelo prisma de termos biológicos como "muito pouca" serotonina, uma amígdala "hiperativa" ou genes "ruins", corremos o risco de esse instinto do destino se infiltrar em nossa mente.

CONTROLE PERDIDO

Digamos que você decida fazer um teste genético. Você paga um valor e recebe um pequeno pacote pelo correio com um tubo onde você cospe e depois envia de volta. Três semanas depois, chega um e-mail dizendo que os resultados estão prontos. Não sem tremer um pouco, você entra no site e lê que 2,2% do seu DNA vem de neandertais. Suas raízes do lado materno podem ser rastreadas até uma mulher que viveu no Oriente Médio há onze mil anos. Ela era a tatatata-($\times$ 450)-ravó da sua avó materna. São dados fascinantes, pelo menos se você — como eu — curte isso, embora talvez não mudem a vida de ninguém. Você desce a barra de rolagem até a seção "riscos à saúde". Ali, há a informação de que você tem um risco 30% maior de desenvolver doenças cardiovasculares. Não é uma leitura divertida, mas também não é uma grande surpresa, pois vários parentes do seu lado paterno tiveram um ataque cardíaco.

Agora você se depara com a questão de o que fazer com as informações que acabou de receber. Você pode dizer que seu risco genético de ataques cardíacos é o que é e não pode ser alterado. No entanto, existem fatores de risco que você pode influenciar, e você toma a decisão de fazer check-ups anuais. Faz a matrícula na academia, compra um tênis de corrida e bane salgadinhos de queijo e biscoitos da despensa. Se conseguir manter seu novo estilo de vida mais saudável, seu teste genético pode tê-lo salvado de um ataque cardíaco, e, assim, ajudou a prolongar sua vida por vários anos.

Você verifica os riscos à saúde e lê que também corre um risco maior de desenvolver uma dependência ao álcool. Isso é uma surpresa, já que, até onde você sabe, ninguém na família teve problemas com alcoolismo. Mas ninguém se torna alcoólatra apenas por causa dos genes — também é necessário ingerir álcool, e isso você pode evitar. Garrafas de vinho podem ser derramadas no ralo e o ano-novo pode ser comemorado com espumante sem teor alcoólico. E aí seu risco genético nunca terá consequências. Tudo está bem quando termina bem. Mas será que é tão simples assim? Infelizmente não!

Em um estudo, os pesquisadores disseram aos participantes que eles tinham um gene que aumentava o risco de desenvolver dependência ao álcool. Isso não era verdade — nenhum deles tinha tal gene —, mas o objetivo do estudo era descobrir como os participantes reagiriam ao ouvir que corriam um risco genético aumentado de abuso de álcool. O que ocorreu foi que os participantes que receberam essas informações falsas acharam *mais difícil* cortar o álcool. Eles começaram a ver problemas com álcool como um destino inevitável. O instinto do destino despertara.

Seu teste genético também mostra que você corre um risco aumentado de ficar deprimido. Tal como acontece com ataques cardíacos e abuso de álcool, você pode dizer que seu risco genético é o que se apresenta e não pode ser alterado, mas ainda há fatores de risco que você pode influenciar. Você pode começar a se exercitar, priorizar o sono, tomar cuidados para evitar o estresse excessivo e passar mais tempo com os mais próximos e queridos. Nesse caso, a informação pode tê-lo salvado da depressão.

Mas, da mesma forma que achamos mais difícil ficar longe do álcool se descobrirmos que carregamos um risco genético de desenvolver um vício, as informações sobre nosso risco genético de depressão também parecem afetar a forma como vemos nossa própria resiliência. Quando os pesquisadores disseram a um grupo de indivíduos com depressão que ela foi causada por algo no cérebro, eles se tornaram mais pessimistas em relação à possibilidade de recuperação. A confiança na própria capacidade de gerenciar seus sentimentos diminuiu, e eles sentiram que levaria mais tempo para melhorarem. "Não importa o que eu faça, há algo errado com o meu cérebro" parecia ser o raciocínio deles. Estavam convencidos de que o melhor tratamento era a medicação. O mesmo fenômeno foi observado em um grupo de pacientes com transtorno de ansiedade generalizada. Quando lhes disseram que a ansiedade era causada pela falta de serotonina, eles sentiram que as chances de se livrar da ansiedade tinham diminuído — o instinto do destino aparentava entrar em ação.

Parece, portanto, que uma perspectiva biológica da ansiedade, da depressão e da dependência, que coloca a pressão nos genes e na dosagem dos neurotransmissores, nos faz perceber os transtornos como inevitáveis. Isso pode, na pior das hipóteses, levar essas perspectivas a se tornarem profecias autorrealizáveis. Quando nossa vida emocional é descrita em termos de dopamina, serotonina ou amígdala, acabamos percebendo-a como imutável. Ela passa a estar condenada.

Quando nos damos conta de que nossos sentimentos mais sombrios têm uma base biológica, pode parecer desolador que nosso instinto do destino ameace cimentá-los, mas há um antídoto eficaz: o conhecimento. Em um estudo, os participantes assistiram a um videoclipe que explicava que, embora os genes *afetem* nosso risco de sofrer de depressão, eles não *determinam* se ficaremos deprimidos. O vídeo enfatizou que o cérebro é mais como argila para modelar do que porcelana. É mutável, plástico, e seu funcionamento depende de como vivemos nossa vida. O quanto dormimos, se nos exercitamos, se estamos expostos a estresse prolongado e imprevisível, se vemos amigos ou fazemos terapia — tudo afeta como o cérebro funciona. O filme foi instrutivo em mostrar de que modo fatores como a atividade física afetam a química do cérebro e até mesmo mudam a forma como os genes são usados nas células cerebrais. Após o vídeo, os participantes se sentiram menos pessimistas e, de repente, consideraram que suas chances de sair da depressão melhorariam. Talvez você imagine que o filme não era científico e estava repleto de exageros. Não estava. Apresentava o conhecimento mais atualizado e não era um conteúdo chato e prolixo, mas um vídeo de sete minutos no YouTube.

CONHECIMENTO SOBRE CONHECIMENTO É A SOLUÇÃO

Estamos em meio a uma revolução científica. A cada dia que passa, aprendemos mais e mais sobre como nossas faculdades mentais e sentimentos são criados pelo cérebro, e sobre como o cérebro, por sua vez, é moldado pelo nosso DNA e pelo ambiente externo. Tal conhecimento pode desbloquear um potencial fantástico em tudo, desde cuidados com a saúde até bem-estar e educação, mas é importante que seja apresentado de forma a não causar danos. A pesquisa sobre genética e o cérebro não tem a ver com certezas, e sim com probabilidades. O problema é que nós, seres humanos, muitas vezes pensamos que as coisas são preto no branco, em oposição aos tons de cinza. Um "risco *aumentado* de depressão" não é o mesmo que "depressão *garantida*", mas é muitas vezes assim que o percebemos.

A questão é que, embora as pesquisas sobre o cérebro estejam se desenvolvendo a uma velocidade perigosamente rápida, nosso cérebro não está indo a lugar algum. Ele permaneceu basicamente inalterado por dez mil anos e, como resultado, temos mais medo de cobras e aranhas do que de cigarros e carros, e vemos o mundo como estático e imóvel. Portanto, uma onda de descobertas na área de medicina sobre como operamos dentro da "caixola" terá que ser processada por um cérebro que está mal equipado para interpretar probabilidades estatísticas em artigos de pesquisa científica. Para evitar que todo esse novo conhecimento sobre o cérebro nos faça ver a nós mesmos como mais orientados por nossa biologia do que de fato somos, precisamos nos ensinar a pensar cientificamente. Isso requer prática, mas não é *tão* difícil. Depois de assistir a esse vídeo informativo de sete minutos, os participantes tiveram mais confiança na própria capacidade de lidar com sua vida emocional. E essa confiança ainda permanecia seis semanas depois de assistir ao clipe.

Em outras palavras, o conhecimento é a solução. E não apenas conhecimento a respeito de *como* o cérebro funciona, mas também sobre *por que* ele funciona desse jeito. Ao ensinar a nós mesmos que a tarefa mais importante do cérebro é promover nossa sobrevivência, e que ele se adaptou para fazê-lo em um mundo altamente precário, percebemos que formas mais brandas do que chamamos de transtorno mental não significam necessariamente que estamos doentes, muito menos que há algo errado conosco.

VOCÊ NÃO É O SEU DIAGNÓSTICO

Se pudéssemos escolher a única qualidade que mais distingue os humanos dos outros animais, nosso dom de contar histórias não seria má escolha. Nosso cérebro é constantemente envolvido na tentativa de encontrar uma explicação para o que vivenciamos e está sempre criando histórias que fazem com que os eventos se encaixem. Ele está, em especial, à procura de uma narrativa que torne nossa vida coerente, que a faça compreensível e previsível. Uma história que não só explica o mundo, mas explica a nós mesmos.

Em meu trabalho, vi algumas vezes um diagnóstico psiquiátrico se tornar essa história. Certas pessoas se identificam com seu diagnóstico e começam a se ver como "o doente". O diagnóstico se torna uma espécie de identidade para elas. Isso é uma pena, porque essas identidades não são apenas uma maneira de o cérebro dar sentido ao nosso passado, elas se tornam roteiros para o nosso futuro. Assim, pode se tornar uma profecia autorrealizável ver a nós mesmos dessa maneira. O instinto do destino entra em ação.

Não é porque você sentiu muita ansiedade em um período de sua vida que você sempre vai se sentir assim.

Toda vez que encontro um paciente assim, explico que tanto a ansiedade quanto a depressão podem ser um sinal de que o cérebro está funcionando normalmente. Além disso, cada pessoa que experimenta um episódio grave de ansiedade é diferente. Cada um que vivencia a depressão é diferente. Os seres humanos são muito mais complexos do que qualquer diagnóstico pode explicar. Um diagnóstico não comunica tudo sobre você; você *não* é o seu diagnóstico. Além disso, costumo apontar que os sentimentos também mudam, e é importante que mudem, pois, caso contrário, não serviriam para nada. Isso também se aplica aos nossos sentimentos mais sombrios. Não é porque você sentiu muita ansiedade em um período de sua vida que você sempre vai se sentir assim.

CAPÍTULO 9

A ARMADILHA DA FELICIDADE

Cérebros não reagem, eles preveem.
LISA FELDMAN BARRETT, PROFESSORA E
PESQUISADORA DE CIÊNCIA AFETIVA

ATÉ AGORA, DEDICAMOS QUASE um livro inteiro para explorar por que o cérebro não se desenvolveu para nos sentirmos felizes, mas para planejar constantemente o pior — ansiedade — e ocasionalmente nos isolar como um mecanismo de auto-defesa — depressão. Então agora é hora de inverter o roteiro e tentar descobrir o que nos faz felizes. Apesar de um aumento do interesse acadêmico nessa questão (esse campo de pesquisa em pleno desenvolvimento é conhecido como psiquiatria positiva), e de "felicidade" ser um dos poucos termos de pesquisa que têm mais acessos no Google do que "ansiedade" (902 milhões), é difícil descrever o que de fato significa.

Muitos equiparam a felicidade a um sentimento positivo. Veem a felicidade como um estado constante de prazer e contentamento, enquanto, nas pesquisas, a felicidade é muitas vezes definida pelo nosso grau de satisfação com a direção que nossa vida tomou. Dessa forma, a felicidade pode ser vista mais como ter um senso de propósito a longo prazo do que se sentir ótimo constantemente. Se você concorda com essa definição e quer fazer o máximo para ser feliz, acho que a melhor atitude que pode de fato tomar é ignorar a felicidade. Sim, esqueça-a! Quanto menos nos importamos com isso, maior é a chance de encontrá-la.

O cérebro tenta constantemente prever o que está por vir, então mapeia os acontecimentos e os compara com essas previsões. Por exemplo, digamos que você entre no banheiro de casa. Antes de fazer isso, o cérebro já está acessando memórias sobre o ambiente e, portanto, é ativado de uma forma que reflita as impressões sensoriais que espera encontrar. Quando você entra no banheiro, o que vê, ouve e sente é mapeado em relação às suas previsões. Se as previsões do cérebro corresponderem a essas impressões, você não reagirá, mas, se algo se desviar de suas previsões, então você vai logo parar.

Nossa vida é composta de uma série interminável de comparações como essa, grandes e pequenas, à medida que nosso cérebro sustenta o que realmente acontece em relação às próprias previsões. Quando os britânicos idosos foram questionados sobre sua saúde física na primavera de 2021, a percentagem de pessoas que se considerava em boa saúde *aumentou* em relação ao ano anterior. No entanto, não há evidência que sugira que a saúde delas tenha de fato melhorado durante o ano da pandemia de 2020. Pelo contrário, havia bons motivos para suspeitar que ela havia se deteriorado, dado que, no Reino Unido, mais de cem mil pessoas morreram de covid-19 e o sistema de saúde estava tão sobrecarregado que qualquer setor, exceto o de emergência, muitas vezes funcionava aquém do normal. Então, por que eles se sentiriam mais saudáveis? Uma possível explicação é que, à luz dos lembretes diários de doença e sofrimento, o padrão para o que consideravam boa saúde havia sido reduzido. À medida que a mídia relatava que unidades de terapia intensiva e necrotérios estavam sobrecarregados, eles não consideravam mais dores recorrentes nas costas, no joelho ou de cabeça como um grande problema. As previsões do cérebro — em relação às quais mapearam a experiência vivida — mudaram e, com isso, a visão sobre a própria saúde também se alterou.

De tal forma, estamos neurobiologicamente conectados para comparar tudo o que experimentamos com nossas próprias previsões e expectativas, em vez de ter uma visão objetiva sobre o que acontece. Isso pode parecer óbvio, mas, mesmo assim, muitas vezes pode passar despercebido. Quando eu estudava economia, os professores costumavam abrir as palestras afirmando: "O ser humano é uma criatura racional que sempre prefere mais a menos." Como médico e psiquiatra, percebi que isso está completamente errado. Não preferimos mais a menos. Preferimos ter mais *em comparação aos nossos vizinhos.* Nossa percepção de quão bem nossa vida está indo é baseada em como os outros estão. Seu Audi parece fantástico até seu vizinho aparecer com um Tesla novo.

UM ESTADO IRREAL

O fato de termos evoluído para mapear todas as nossas experiências em relação às nossas expectativas é a razão pela qual não devemos nos preocupar em buscar a felicidade. Como você viu nos capítulos anteriores, os sentimentos de bem-estar são considerados transitórios, ou não cumpririam sua função principal de nos motivar. O cérebro atualiza constantemente nosso estado emocional com base nas informações que recebe de nosso corpo e dos arredores. Manter-se em um estado emocional positivo para que sempre possamos nos sentir bem é, do ponto de vista do cérebro, tão irreal quanto a banana no balcão da cozinha ter a capacidade de nos saciar para o resto de nossa vida. Simplesmente não somos estruturados dessa maneira, mas somos enganados a pensar que somos.

O fato de termos evoluído para mapear todas as nossas experiências em relação às nossas expectativas é a razão pela qual não devemos nos preocupar em buscar a felicidade.

Em 2015, a Coca-Cola lançou uma enorme campanha de marketing. A gigante das bebidas não mais nos incentivou a "compartilhar uma Coca-Cola", mas a "abrir a felicidade". A mensagem transmitida para bilhões de pessoas foi que a felicidade é algo que escolhemos, e que não só podemos ser felizes, como devemos sê-lo. A Coca-Cola está longe de ser a única marca que tentou vincular seu produto a um estado emocional irreal. Aqui estão mais alguns exemplos: "Viva feliz para sempre" (seguro residencial), "A felicidade começa aqui" (mostarda), "Felicidade compartilhada" (comida), "Sirva-se rumo à felicidade" (um restaurante) e "Momentos de felicidade" (laticínios). Esses são apenas um punhado de slogans publicitários com o mesmo subtexto: a felicidade é uma sequência interminável de experiências alegres, e é algo que *escolhemos*. Se não nos sentimos felizes, há algo errado conosco.

Por meio dessa enxurrada de slogans, e mais os 902 milhões de acessos no Google, somos lembrados de que podemos e devemos ser felizes, ou seja, devemos nos sentir bem todos os dias. E assim o cérebro mapeia nossas experiências subjetivas em relação a um objetivo que é, de fato, inalcançável; o bem-estar constante não é um estado natural para os seres humanos. Se nos permitirmos ser bombardeados pela aparência de pessoas felizes, atraentes e harmoniosas no pôr do sol tropical, as expectativas de nossas próprias emoções serão irrealisticamente altas. Quando nosso mundo interior não corresponde a essas expectativas — o de ninguém consegue —, ficamos desapontados. A imagem de felicidade informada e profundamente irreal que promovemos corre o risco de nos tornar infelizes. E não, isso não é apenas especulação.

Quando os participantes de um estudo leram um artigo que exaltava as virtudes da felicidade antes de assistir a uma comédia, eles ficaram menos felizes depois do filme do que aqueles que leram um artigo que não mencionava a felicidade. Uma possível explicação é que o artigo sobre felicidade aumentou as expectativas dos participantes e, com isso, veio a esperança de que o filme fosse muito divertido. Quando constatamos que não era tão engraçado quanto esperavam, tornava-se uma decepção. Quando não temos expectativas, nossos padrões diminuem, e uma experiência supera ou se equivale ao que esperamos, com resultados positivos sobre como a interpretamos.

Curiosamente, verificou-se que, quanto mais dinheiro um país gasta em publicidade a cada ano, menos satisfeitos seus residentes estão com a vida dois anos depois. Isso leva a suspeitar que a publicidade influencia a definição das expectativas de nossa vida emocional em um nível irrealisticamente alto, resultando em decepção e insatisfação. Um slogan publicitário que colocaria nossas expectativas em um patamar mais realista e que poderia de fato ter um impacto positivo em nosso bem-estar seria: "Não há problema em nos sentirmos deprimidos algumas vezes." Mas isso provavelmente não venderia tantos refrigerantes, potes de mostarda ou planos de seguro residencial.

Embora em geral as chances de sucesso aumentem quanto maior for o esforço feito para alcançar conquistas, o oposto parece ser verdadeiro para a felicidade. Quanto mais tentamos buscar a felicidade *per se*, mais corremos o risco de vê-la escorregar de nossas mãos. O melhor conselho que posso dar a alguém que quer ser feliz é não dar ouvidos a todas as mensagens publicitárias rasas. Esqueça os artigos e livros sobre o tema e aumente seu senso crítico quando vir uma palestra no YouTube que mencione essa palavra.

Mas, além de ignorar a felicidade, não há nada que possamos fazer para sermos felizes? Aqui eu hesito em especular, em parte porque o que funciona para mim não necessariamente funcionará para outra pessoa, e em parte porque qualquer tentativa de conselho é um caminho escorregadio rumo a clichês fofos e não verificáveis. Mas, se eu for arriscar, acredito que um dos equívocos mais perigosos na sociedade moderna é o de que a felicidade seja composta de um fluxo interminável de experiências alegres.

De fato, não sabemos como nossos ancestrais viam a felicidade (a palavra "feliz" data do século XIV e originalmente significava "afortunado"), mas é extremamente improvável que os caçadores-coletores que vagavam pela savana africana acreditassem que um fluxo interminável de experiências alegres era o que dava sentido à vida. Por quase toda a história da humanidade, nossa visão atual de felicidade teria sido tão absurda que nem sequer seria uma fantasia. Nossa obsessão com a felicidade — e nosso equívoco de que a felicidade equivale ao bem-estar constante — surgiu há apenas algumas gerações, mas, como a maioria de nós nunca experimentou outro cenário, não conseguimos perceber o quanto isso é estranho e irreal.

Para mim, felicidade não é lutar para que a vida seja sempre um mar de rosas, nem minimizar o próprio desconforto. Ao mesmo tempo, sou materialista e amo o conforto o suficiente para saber que estaria mentindo se dissesse que a conveniência e os fatores materiais não desempenham nenhum papel nisso. Eles são, sem dúvida, importantes — para mim e para quase todos. A definição mais construtiva de felicidade que ouvi é que é uma combinação de experiências positivas e uma visão mais profunda de si mesmo; uma visão sobre aquilo em que você é bom e como essas qualidades podem ser usadas para ajudar a si mesmo e aos outros e, ao fazê-lo, ajudá-lo a se tornar parte de algo maior do que você mesmo. Para a maioria das pessoas, a ficha finalmente cai quando elas se veem não aonde querem chegar, e sim em um estágio em que estão lutando por algo que é maior do que elas mesmas. É aí que encontram o que, por falta de uma palavra melhor, pode ser chamado de "felicidade". Em resumo, a felicidade não deve ser vista como um objetivo em si, mas como parte de um contexto maior.

A felicidade vem quando entendemos o que é importante para nós na vida e trabalhamos em função disso; quando nos tornamos parte de algo que consideramos significativo para nós mesmos e para os outros. Não é particularmente surpreendente que a maioria de nós funcione dessa maneira. Afinal, nossa sobrevivência depende de nossa capacidade de trabalhar juntos. Aqueles que sobreviveram à provação da natureza e consequentemente se tornaram nossos ancestrais o fizeram *juntos*. Nós não nos tornamos a espécie dominante na Terra porque éramos os mais fortes, mais rápidos ou mais inteligentes, mas porque éramos os melhores no trabalho em conjunto. É por isso que sofremos tanto com a solidão.

Quando perguntaram ao psiquiatra e neurologista austríaco Viktor Frankl como ele conseguiu reunir as forças espirituais para sobreviver a quatro campos de concentração, incluindo Auschwitz, ele citou o filósofo Friedrich Nietzsche: "Quem tem *por que* viver suporta quase qualquer *como*." Deve haver tantos fatores significativos para criar tal porquê quanto existem pessoas neste mundo, mas algo é certo: a alegria constante não é um deles. Então não persiga a felicidade. A felicidade é um subproduto que surge quando paramos de pensar no assunto e passamos a nos concentrar em algo que parece significativo.

POSFÁCIO

EU ME LEMBRO COMO se fosse ontem. Cursava o segundo período da faculdade de medicina. A sala estava fria, o ar tinha um cheiro estranhamente pungente, e o ventilador fazia barulho ao fundo. Mas fiquei sem chão na sala de autópsia quando olhei para o que tinha em minhas mãos: um cérebro humano. *Está tudo aqui*, pensei. Tudo o que o homem de 84 anos cujo cérebro eu segurava tinha vivenciado. Todas as suas memórias, todos os seus sentimentos. Cada momento de sua vida, do berço ao túmulo, acontecera onde ele nunca viu — o órgão que estava agora em minhas mãos. Eu estava segurando o que essencialmente era o "eu" de uma pessoa. Estremeci quando percebi que também tenho um cérebro e que ele também contém tudo o que já vivenciei. Meu primeiro dia de escola, vestido com uma camisa de colarinho que dava coceira e parecia do meu avô; minha adolescência; a época em que eu tinha vinte anos e quase morri esquiando em Chamonix. Até a experiência de segurar o cérebro de 84 anos estava sendo criada na minha mente!

Havia algo hipnotizante sobre o fato de que toda a minha vida até aquele momento acontecera em um órgão que parecia uma grande noz, tinha a consistência de tofu e pesava apenas um quilo. Ainda não consigo compreender isso, apesar de ter passado quantidades insalubres de tempo tentando. Mas a coisa mais importante que aprendi naquele dia — o que eu e meus pacientes lembramos diariamente — é que o cérebro é um órgão. E assim como todos os outros órgãos na mesa da sala de autópsia, o cérebro evoluiu para realizar uma tarefa: sobreviver. O cérebro não é do jeito que é por mero acaso. Ele não nos mostra o mundo como é. Não nos permite lembrar dos eventos que vivemos como realmente ocorreram. Não nos permite que vejamos como somos. Longe disso! O cérebro muda nossas memórias. Funciona a partir do pior cenário e elabora situações desastrosas. Às vezes, isso nos leva a pensar que somos mais competentes e sociáveis do que somos, e às vezes nos faz pensar que somos completamente inúteis. Na realidade, o cérebro não é mais do que uma máquina de sobrevivência, cheia de defeitos, que, quando vistos sob a ótica da evolução, muitas vezes se tornam funções inteligentes.

O cérebro não é um intermediário passivo que qualquer pessoa interessada na natureza humana possa ignorar. Muito pelo contrário! Aprender sobre o cérebro proporciona uma compreensão mais profunda da natureza humana, pois é dentro dele que a natureza humana é criada. Dito isso, o cérebro não pode ser visto isoladamente. Faz parte de um sistema complicado e dinâmico — o corpo — que não só controla, mas também recebe informações. Qualquer informação que sinalize uma ameaça, como um risco de infecção, isolamento ou um degrau abaixo na hierarquia faz com que o cérebro crie sentimentos de desconforto. Tais sentimentos causaram comportamentos que aumentaram nossas chances de sobrevivência nas condições em que vivemos por centenas de milhares de anos, e para as quais ainda estamos adaptados. Se acreditarmos que a ansiedade, a depressão e o desejo de se isolar significam que o cérebro não funciona ou está doente, esqueceremos que sua principal função é a sobrevivência.

"É tudo coisa da cabeça" é uma frase dita com frequência em relação à depressão e à ansiedade. Quando eu era mais novo, isso significava que você deveria "se recompor", o que eu duvido que alguém já tenha achado útil ouvir. Porém, mais tarde, "é tudo coisa da cabeça" passou a significar "muito pouca serotonina no cérebro". Embora esse tenha sido um passo à frente, para longe da trivialização, arriscou-se a criar profecias autorrealizáveis. É hora de mudar "é tudo coisa da cabeça" para "é tudo coisa da cabeça e do corpo e muitas vezes é um sinal de que tudo está funcionando normalmente".

Acredito que a razão pela qual nos sentimos pior do que deveríamos, já que tudo vai bem, é que nos esquecemos de que somos seres biológicos. Escrevi este livro como um lembrete de nossos fundamentos biológicos e para mostrar como nossa vida emocional é moldada ao "levantar o capô" e dar uma olhada dentro do motor de nossa alma. Um livro que aborda a principal questão do bem-estar humano deve, no entanto, ser seletivo, e por essa razão decidi conscientemente me concentrar na biologia e no cérebro e não entrar em mais detalhes acerca de modelos explicativos sociais — não porque desigualdade, exclusão, injustiça e desemprego não importem, mas porque temos uma tendência a ignorar nossa biologia.

Além de destacar dois ingredientes-chave influentes em nossas emoções cujo valor muitos subestimam — atividade física e prevenção da solidão —, eu me abstive de dar muitas dicas ou conselhos. Em vez disso, tentei apresentar uma forma de observar a si mesmo e a sua vida emocional que espero que lhe permita tirar suas próprias conclusões importantes, e que sei, por experiência própria, que podem ser capazes de desmistificar o assunto e redimir o leitor. Ainda assim, gostaria de oferecer alguns conselhos, por isso na próxima seção vou resumir meus dez insights mais importantes sobre como ver a si mesmo a partir da perspectiva do cérebro.

MEUS DEZ PRINCIPAIS INSIGHTS

Você é um sobrevivente. Não evoluímos para ter saúde ou felicidade, mas para sobreviver e reproduzir. Sentir-se bem o tempo todo é um objetivo irreal. Simplesmente não funcionamos dessa maneira.

Os sentimentos existem para afetar seu comportamento, e devem ser passageiros. Os sentimentos são gerados quando o cérebro combina o que está ocorrendo dentro de nós com o que acontece ao nosso redor. O estado interno do corpo desempenha um papel maior em nossos sentimentos do que a maioria pensa.

Ansiedade e depressão costumam ser mecanismos de defesa. Eles são uma parte normal da natureza humana e sua presença não significa que tem algo errado conosco ou que estamos doentes. E eles não têm absolutamente nada a ver com desvios de caráter!

As memórias são, e devem ser, mutáveis! Falar sobre eventos traumáticos em um espaço seguro faz com que essas memórias mudem e se tornem menos ameaçadoras.

A falta de sono, o estresse prolongado, um estilo de vida sedentário e a exposição excessiva a imagens cheias de filtros de outras pessoas nas redes sociais podem enviar sinais que o cérebro interpreta como perigo iminente ou inadequação pessoal. Ele então responde dizendo para você se isolar e o faz se sentir pra baixo.

A atividade física protege contra a depressão e a ansiedade. Fomos feitos para nos movimentarmos, algo que hoje em dia fazemos muito pouco. Ainda assim, a preguiça é normal!

A solidão tem sido associada a uma série de doenças, mas pequenas mudanças podem fazer uma grande diferença. Do ponto de vista da saúde, ter alguns amigos próximos é provavelmente melhor do que ter um grande número de conhecidos.

Os genes são importantes, mas o ambiente é ainda mais. Não ache que o fato de algo ser mais provável geneticamente significa que é inevitável. A forma como vivemos a vida afeta como o nosso cérebro funciona.

Esqueça a felicidade! Pretender ser feliz sempre não é apenas desgastante e irreal, como pode surtir o efeito diametralmente oposto.

O mais importante de tudo: se não se sente bem mentalmente, você deve procurar ajuda. Transtorno mental não é menos natural do que uma pneumonia ou uma alergia. Existe ajuda para isso, e você não está sozinho.

BIBLIOGRAFIA

Introdução

OMS. ORGANIZAÇÃO Mundial de Saúde. Depression. Genebra: OMS, 13 set. 2021. Disponível em: <www.who.int/news-room/fact-sheets/detail/depression>. Acesso em: 18 mar. 2023.

OMS. ORGANIZAÇÃO Mundial de Saúde. Depression and other common mental disorders: Global Health Estimates. Genebra: OMS, 2017. Licença: CC BY NC SA 3.0 IGO. Disponível em: <https://apps.who.int/iris/bitstream/handle/10665/254610/WHO-MSD-MER-2017.2-eng.pdf;jsessionid=4E66643217B4D4FED0D9B25627BAA-08C?sequence=1>. Acesso em: 18 mar. 2023.

2. Por que temos sentimentos?

BARRETT, LISA Feldman. *How Emotions are Made: The Secret Life of the Brain.* Boston: Mariner Books, 2017.

DIAMOND, JARED. *O terceiro chimpanzé: a evolução e o futuro do ser humano.* Tradução de Cristina Cavalcanti. Rio de Janeiro: Record, 2011.

GOZZI, ALESSANDRO et al. A neural switch for active and passive fear. *Neuron*, v. 67, n. 4, pp. 656-666, 2010. DOI: 10.1016/j.neuron.2010.07.008.

HARARI, YUVAL Noah. *Sapiens: uma breve história da humanidade.* Tradução de Jorio Dauster. São Paulo: Companhia das Letras, 2020.

KREEGER, KAREN. Penn researchers calculate how much the eye tells the brain. *EurekAlert!*, 26 jul. 2006. Disponível em: <www.eurekalert.org/news-releases/468943>. Acesso em: 18 mar. 2023.

3. Ansiedade e pânico

BAI, SHUANG. et al. Efficacy and safety of anti-inflammatory agents for the treatment of major depressive disorder: a systematic review and meta-analysis of randomised controlled trials. *Journal of Neurology, Neurosurgery and Psychiatry*, v. 91, n. 1, pp. 21-32, 2019. DOI: 10.1136/jnnp.2019.320912.

BURKLUND, LISA et al. The common and distinct neural bases of affect labeling and reappraisal in healthy adults. *Frontiers in Psychology*, v. 5, n. 221, 2014. DOI: 10.3389/fpsyg.2014.00221.

CHIPPAUX, JEAN-PHILLIPE. Epidemiology of snakebites in Europe: a systematic review of the literature. *Toxicon*, v. 59, n. 1, pp. 86-99, 2012. DOI: 10.1016/j.toxicon.2011.10.008.

CROCQ, MARC Antoine. A history of anxiety: from Hippocrates to DSM. *Dialogues in Clinical Neuroscience*, v. 17, n. 3, 2015. DOI: 10.31887/DCNS.2015.17.3/macrocq.

HARIRI, AHMAD R. et al. Neocortical modulation of the amygdala response to fearful stimuli. *Biological Psychiatry*, v. 53, n. 6, pp. 494-501, 2003. DOI: 10.1016/s0006-3223(02)01786-9.

NESSE, RANDOLPH. *Good Reasons for Bad Feelings: Insights from the Frontier of Evolutionary Psychiatry*. Boston: Dutton, 2019.

OMS. ORGANIZAÇÃO Mundial de Saúde. *Deaths on the roads:* Based on the WHO Global Status Report on Road Safety 2015. OMS: Genebra, 2015. Disponível em: <www.afro.who.int/publications/global-status-report-road-safety-2015>. Acesso em: 18 mar. 2023.

4. Depressão

ANDERSEN, MARIE Kim Wium et al. Elevated C reactive protein levels, psychological distress, and depression in 73,131 individuals. *JAMA Psychiatry*, v. 70, n. 2, pp. 176-184, 2013. DOI: 10.1001/2013.jamapsychiatry.102.

ANDREW, PAUL W. et al. The bright side of being blue: depression as an adaptation for analyzing complex problems. *Psychological Review*, v. 116, n. 3, pp. 620-654, 2009. DOI: 10.1037/a0016242.

BAI, SHUANG et al. Efficacy and safety of anti-inflammatory agents for the treatment of major depressive disorder: a systematic review and meta-analysis of randomised controlled trials. *Journal of Neurology, Neurosurgery and Psychiatry*, v. 91, n. 1, pp. 21-32, 2019. DOI: 10.1136/jnnp-2019-320912.

BOSMA-DEN BOER, Margarethe M. et al. Chronic inflammatory diseases are stimulated by current lifestyle: how diet, stress levels and medication prevent our body from recovering. *Nutrition and Metabolism*, v. 9, n. 1, 2012. DOI:10.1186/1743-7075-9-32.

EUROSTAT. STATISTICS explained: cancer statisticsm ago. 2021. Disponível em: <www.ec.europa.eu/eurostat/statistics-explained/index.php/Cancer_statistics>. Acesso em: 18 mar. 2023.

GOLDMAN, LEE. *Too much of a good thing: how four key survival traits are now killing us*. Nova York: Little Brown, 2015.

GRUBER, JUNE. Four ways happiness can hurt you. *Greater Good*, 3 mai. 2012. Disponível em: <https://greatergood.berkeley.edu/article/item/four_ways_happiness_can_hurt_you>. Acesso em: 18 mar. 2023.

GURVEN, MICHAEL et al. A cross-cultural examination. *Population and Development Review*, v. 33, n. 2, pp. 321-365, 2007. DOI:10.1111/j.1728-4457.2007.00171.x.

_____. LONGEVITY among hunter-gatherers: a cross-cultural examination. *Population and Development Review*, v. 3, n. 2, pp. 321-365, 2007. DOI: 10.1111/j.1728-4457.2007.00171.x

HUSAIN, MUHAMMAD I. et al. Anti-inflammatory treatments for mood disorders: systematic review and meta-analysis. *Journal of Psychopharmacology*, v. 31, n. 9, pp. 1137-1148, 2017. DOI: 10.1177/0269881117725711.

JHA, MANISH Kumar et al. Anti-inflammatory treatments for major depressive disorder, what's on the horizon? *The Journal of Clinical Psychiatry*, v. 80, n. 6, 2019. DOI: 10.4088/JCP.18ac12630.

QUAN, NING e William A. Banks. Brain immune communication pathways. *Brain, Behavior, and Immunity*, v. 21, n. 6, pp. 727-735, 2007. DOI: 10.1016/j.bbi.2007.05.005.

RAISON, CHARLES L. e Andrew H. Miller. The evolutionary significance of depression in Pathogen Host Defense (PATHOS-D). *Molecular Psychiatry*, v. 18, n. 1, pp. 15-37, 2013. DOI: 10.1038/mp.2012.2.

SUÉCIA. RIKSARKIVET (Arquivo Nacional Sueco). *TBC och sanatorier* (Tuberculose e Sanatórios).

STRAUB, RAINER. The brain and immune system prompt energy shortage in chronic inflammation and ageing. *Nature Reviews Rheumatology*, v. 13, n. 12, pp. 743-751, 2017. DOI: 10.1038/nrrheum.2017.172.

WRAY, NAOMI R. et al. Genome wide association analysis identifies 44 risk variants and refine the genetic architecture of major depressive disorder. *Nature Genetics*, v. 50, n. 5, pp. 668-681, 2017. DOI: 10.1101.167577.

5. Solidão

BERGER, MILES et al. The expanded biology of serotonin. *Annual Review of Medicine*, v. 60, n. 1, pp. 355-366, 2018. DOI: 10.1146/annurev.med.60.042307.110802.

CACIOPPO, JOHN et al. The growing problem of loneliness. *Lancet*, v. 391, n. 10119, p. 426, 2018. DOI: 10.1016/S0140-6736(18)30142-9.

COLE, STEVEN W. et al. Myeloid differentiation architecture of leukocyte transcriptome dynamics in perceived social isolation. *Proceedings of the National Academy of Sciences*, v. 112, n. 49, pp. 15142-15147, 2015. DOI: 10.1073/pnas.1514249112.

CRUWYS, TEGAN et al. Social group memberships protect against future depression, alleviate depression symptoms and prevent depression relapse. *Social Science and Medicine*, v. 98, pp. 179-186, 2013. DOI: 10.1016/j.socscimed.2013.09.013.

DUNBAR, ROBIN. *Friends: Understanding the Power of Our Most Important Relationships.* Londres: Little Brown, 2021.

_____ ET al. Social laughter is correlated with an elevated pain threshold. *Proceedings of the Royal Society B*, v. 279, n. 1731, pp. 1161-1167, 2001. DOI: 10.1098/rspb.2011.1373.

FOLKHÄLSOMYNDIGHETEN. *SKOLBARNS hälsovanor - så mår skolbarn i Sverige jämfört med skolbarn i andra länder* (Práticas de saúde das crianças em idade escolar — como as crianças em idade escolar na Suécia se sentem em comparação com crianças em idade escolar em outros países). 19 mai. 2020. Disponível em: <www.folkhalsomyndigheten.se/nyheter-och-press/nyhetsarkiv/2020/maj/skolbarns-halsovanor-sa-mar-skolbarn-i-sverige-jamfort-med-skolbarn-i-andra-lander/>. Acesso em: 18 mar. 2023.

KAHLON, MANINDER et al. Effect of layperson delivered, empathy focused program of telephone calls on loneliness, depression, and anxiety among adults during the COVID-19 pandemic. A randomized clinical trial. *JAMA Psychiatry*, v. 78, n. 6, pp. 616-622, 2021. DOI: 10.1001/jamapsychiatry.2021.0113.

KELES, BETUL et al. A systematic review: the influence of social media on depression, anxiety and psychical distress in adolescents. *International Journal of Adolescence and Youth*, v. 25, n. 1, pp. 79-93, 2019. DOI: 10.1080/02673843.2019.1590851.

MASI, CHRISTOPHER et al. A meta-analysis of interventions to reduce loneliness. *Personality and Social Psychology Review*, v. 15, n. 3, pp. 219-266, 2011. DOI: 10.1177/1088868310377394.

MCPHERSON, MILLER et al. Social isolation in America: changes in core discussion networks over two decades. *American Sociological Review*, v. 71, n. 3, pp. 353-375, 2006. DOI: 10.1177/000312240607100301.

MELTZER, HOWARD et al. Feelings of loneliness among adults with mental disorder. *Social Psychiatry and Psychiatric Epidemiology*, v. 48, n. 1, pp. 5-13, 2012. DOI: 10.1007/s00127-012-0515-8.

MINEO, LIZ. Good genes are nice, but joy is better. *The Harvard Gazette*, 11 abr. 2017. Disponível em: <www.news.harvard.edu/gazette/story/2017/04/over-nearly--80-years-harvard-study-has-been-showing-how-to-live-a-healthy-and-happy-life/>. Acesso em: 18 mar. 2023.

ORTIZ-OSPINA, ESTEBAN. Is there a loneliness epidemic? *Our World in Data*, 11 dez. 2019. Disponível em: <www.ourworldindata.org/loneliness-epidemic>. Acesso em: 18 mar. 2023.

PROVINE, ROBERT R. e Kenneth R. Fischer. Laughing, smile, and talking: relation to sleeping and social context in humans. *Ethology*, v. 83, n. 4, pp. 295-305, 1989. DOI: 10.1111/j.1439-0310.1989.tb00536.x.

TOMOVA, LIVIA et al. Acute social isolation evokes midbrain craving responses similar to hunger. *Nature Neuroscience*, v. 23, p. 1597-1605, 2020. DOI: 10.1038/s41593-020-00742-z.

TRZESNIEWSKI, KALI et al. Rethinking Generation Me: a study of cohort effects from 1976-2006. *Perspectives on Psychological Science*, v. 5, n. 1, pp. 58-75, 2010. DOI: 10.1177/1745691609356789.

WELLS, GEORGIA, Jeff Horwitz e Deepa Seetharaman. The Facebook files: Facebook knows Instagram is toxic for teen girls, company documents show. *Wall Street Journal*, 14 set. 2021. Disponível em: <www.wsj.com/articles/facebook-knows-instagram-is-toxic-for-teen-girls-company-documents-show-11631620739>. Acesso em: 18 mar. 2023.

6. Atividade física

BABYAK, MICHAEL et al. Exercise treatment for major depression: maintenance of therapeutic benefit at 10 months. *Psychosomatic Medicine*, v. 62, n. 5, pp. 633-638, 2000. DOI: 10.1097/00006842-200009000-00006.

BRIDLE, CHRISTOPHER et al. Effect of exercise on depression severity in older people: systematic review and meta-analysis of randomised controlled trials. *The British Journal of Psychiatry: The Journal of Mental Science*, v. 201, n. 3, pp. 180-185, 2018. DOI: 10.1192/bjp.bp.111.095174.

CHOI, KARMEL W. et al. Assessment of bidirectional relationships between physical activity and depression among adults: a 2 sample Mendelian randomization study. *JAMA Psychiatry*, v. 76, n. 4, pp. 399-408, 2019. DOI: 10.1001/jamapsychiatry.2018.4175.

HARVEY, SAMUEL B. et al. Exercise and the prevention of depression: results of the HUNT cohort study. *American Journal of Psychiatry*, v. 175, n. 1, pp. 28-36, 2017. DOI: 10.1176/appi.ajp.2017.16111223.

HU, MANDY et al. Exercise interventions for the prevention of depression: a systematic review of meta-analysis. *BMC Public Health*, v. 20, n. 1255, 2020. DOI: 10.1186/s12889-020-09323-y.

KANDOLA, AARON et al. Depressive symptoms and objectively measured physical activity and sedentary behaviour throughout adolescence: a prospective cohort study. *Lancet Psychiatry*, v. 7, n. 3, pp. 262-271, 2020. DOI: 10.1016/S2215-0366(20)30034-1.

_____. INDIVIDUAL and combined associations between cardiorespiratory fitness and grip strength with common mental disorders: a prospective cohort study in the UK Biobank. *BMC Medicine*, v. 18, n. 303, 2020. DOI: 10.1186/s12916-020-01782-9.

NETZ, YAEL et al. Is the comparison between exercise and pharmacologic treatment of depression in the clinical practice guideline of the American College of Physicians evidence--based?. *Frontiers in Pharmacology*, v. 8, p. 257, 2017. DOI: 10.3389/fphar.2017.00257.

RAUSTORP, ANDREAS et al. Comparisons of pedometer-determined weekday physical activity among Swedish school children and adolescents in 2000 and 2017 showed the highest reductions in adolescents. *Acta Pædiatrica*, v. 107, n. 7, 2018.

SCHMIDT-KASSOW, MAREN et al. Physical exercise during encoding improves vocabulary learning in young female adults: a neuroendocrinological study. *PLoS One*, v. 8, n. 5, 2013, e64172. DOI: 10.1371/journal.pone.0064172.

SCHUCH, FELIPE et al. Physical activity protects from incident anxiety: a meta-a-nalysis of prospective cohort studies. *Depression and Anxiety*, v. 36, n. 9, pp. 846-858 2019. DOI: 10.1002/da.22915.

SUÉCIA. FOLKHÄLSOMYNDIGHETEN (Agência de Saúde Pública da Suécia) *Psykisk hälsa och suicidprevention/Barn och unga — psykisk hälsa/Fysisk aktivitet och psykisk hälsa* (Saúde mental e prevenção do suicídio/Crianças e jovens — saúde mental/ Atividade física e saúde mental), 2021.

TAFET, GUSTAVO E. e Charles B. Nemeroff. Pharmacological treatment of anxiety disorders: the role of the HPA axis. *Frontiers in Psychiatry*, v. 11, p. 443, 2020. DOI: 10.3389/fpsyg.2020.0044.

WEGNER, MIRKO et al. Systematic review of meta-analysis: exercise effects on depression in children and adolescents. *Frontiers in Psychiatry*, v. 8, p. 81, 2020. DOI: 10.3389/fpsyt.2020.00081.

WINTER, BERNWARD. et al. High impact running improves learning. *Neurobiology of Learning and Memory*, v. 87, n. 4, pp. 597-609, 2007. DOI: 10.1016/j. nlm.2006.11.003.

7. Será que nos sentimos pior do que nunca?

COLLA, JUDITH et al. Depression and modernization: a cross-cultural study of women. *Psychiatry Epidemiology*, v. 41, n. 4, pp. 271-279, abr. 2006. DOI: 10.1007/ s00127-006-0032-8.

"DEPRESSION: LET'S talk" says WHO, as depression tops list of causes of ill health. *Organização Mundial de Saúde*, 2017. Disponível em: <https://www.who.int/news/ item/30-03-2017--depression-let-s-talk-says-who-as-depression-tops-list-of-causes- -of-ill-health>. Acesso em: 18 mar. 2023.

GOLDNEY, ROBERT D. et al. Changes in the prevalence of major depression in an Australian community sample between 1998 and 2008. *The Australian and New Zealand Journal of Psychiatry*, v. 44, n. 10, pp. 901-910, 2010. DOI: 10.3109/00048674.2010.490520.

HOLLAN, DOUGLAS W. e Jane C. Wellenkamp. *Contentment and Suffering: Culture and Experience in Toraja*. Nova York: Columbia University Press, 1994.

NISHI, DAISUKE et al. Prevalence of mental disorders and mental health service use in Japan. *Psychiatry and Clinical Neurosciences Frontier Review*, v. 73, n. 8, pp. 458- 465, 2019. DOI: 10.1111/pcn.12894.

ROGERS, ADAM. Star neuroscientist Tom Insel leaves the Google-spawned Verily for... a startup?. *Wired*, 5 nov. 2017. Disponível em: <www.wired.com/2017/05/ star-neuroscientist-tom-insel-leaves-google-spawned-verily-startup/>. Acesso em: 18 mar. 2023.

SUÉCIA. SOCIALSTYRELSEN (Conselho Nacional de Saúde e Bem-Estar, Suécia). *Statistik om hjärtinfarkter* (Estatísticas sobre Ataque Cardíaco), 2018. Disponível em: <www.socialstyrelsen.se/statistik-och-data/statistik/alla-statistikamnen/hjartinfark-ter/>. Acesso em: 18 mar. 2023.

SUÉCIA. SOCIALSTYRELSEN och Cancerfonden (Conselho Nacional de Saúde e Bem-Estar e Sociedade Sueca do Câncer). Cancer i siffror 2018 (Câncer em números, 2018).

SUÉCIA. STATISTISKA centralbyrån (Instituto Nacional de Estatística). *Expectativa de Vida*, 1751–2020.

SUÉCIA. CONSELHO Nacional de Saúde e Bem-Estar. *Estatísticas sobre medicamentos prescritos na Suécia*, 28 fev. 2022.

8. O instinto do destino

FELDMAN, SARAH. Consumer genetic testing is gaining momentum. *Statista*, 18 nov. 2019. Disponível em: <www.statista.com/chart/20095/interest-in-direct-to--consumer-genetic-testing/>. Acesso em: 18 mar. 2023.

LEBOWITZ, MATTHEW s. e Woo-Kyoung Ahn. Blue genes? Understanding and mitigating negative consequences of personalized information about genetic risk for depression. *Journal of Genetic Counseling*, v. 27, n. 1, pp. 204-216, 2018. DOI: 10.1007/s10897-017-0140-5.

_____ ET al. Fixable or fate? Perceptions of the biology of depression. *Journal of Consulting and Clinical Psychology*, v. 81, n. 3, pp. 518-527, 2013. DOI: 10.1037/a0031730.

ROSLING, HANS. *Factfulness: o hábito libertador de só ter opiniões baseadas em fatos.* Rio de Janeiro: Record, 2019.

9. A armadilha da felicidade

FRANKL, VIKTOR. *Em busca de sentido: um psicólogo no campo de concentração.* Petrópolis: Editora Vozes, 1991.

TORRES, NICOLE. Advertising makes us unhappy. *Harvard Business Review*, v. 98, n. 1, pp. 24-25, jan./fev. 2020. Disponível em: <www.hbr.org/2020/01/advertising-makes-us-unhappy>. Acesso em: 18 mar. 2023.

AGRADECIMENTOS

UM RASCUNHO INICIAL DESTE livro serviu como base para o meu programa de rádio *Sommar i P1*, na Suécia, e, como a recepção foi calorosa, decidi terminar de escrevê-lo. Mas este provavelmente nunca seria um livro concluído sem a ajuda de um número de pessoas a quem eu gostaria de agradecer aqui.

Cecilia Viklund e Anna Paljak da Bonnier Fakta, por sempre me encorajarem, fazerem críticas construtivas e mais uma vez me ensinarem que a tecla mais importante do teclado é "Delete". Erika Strand Berglund, por sua dedicação nos brainstormings e pelas suas dicas estranhamente precisas sobre pequenas mudanças que contribuem para grandes melhorias. Lisa Zachrisson, por suas ilustrações mágicas; a melhor parte de cada livro é ver a maneira maravilhosa como você traduz em imagens o que eu escrevo. Charlotta Larsson, Sofia Heurlin e todos os outros na Bonnier Fakta, por ajudarem a levar os meus livros para os leitores na Suécia. Federico Ambrosini, Kimia Kaviani, Adam Torbjörnsson, Elin Englund e todos os outros na Agência Salomonsson, por me ajudarem a alcançar outros países.

Também gostaria de agradecer, sem nenhuma ordem em particular, às seguintes pessoas, que de muitas maneiras diferentes e importantes contribuíram para o livro: Carl Johan Sundberg, Gustav Söderström, Jonas Pettersson, Otto Ankarcrona, Mats Thorén, André Heinz, Simon Kyaga, Tahir Jamil, Vanja Hansen, Björn Hansen, Desirée Dutina, Martin Lorenzon, Niklas Nyberg, Pontus

Andersson, Daphna Shohamy, Karl Tobieson, Malin Sjöstrand, Anders Wallensten e ao pessoal da Biblioteca Nacional da Suécia.

Por fim, o meu maior agradecimento vai para todos aqueles que leram meus livros e que, por diferentes vias, me relataram terem gostado. Para mim, isso significa mais do que qualquer número de vendas no mundo!

ÍNDICE REMISSIVO

abuso 43, 47
acidente vascular cerebral 76-77, 93, 150
adolescentes 108-110, 114-117, 132, 154-156
adrenalina 113
África 17, 68, 149, 176
agressão 113-114
agressão sexual 43
agricultura 21-22, 68
Alemanha 155, 157
alma 146
ambiente 25-27, 61, 184
amígdala 26, 164, 166
  amortecendo a atividade da 51-52
  e ansiedade 49, 51-52, 56
  e ataques de pânico 36, 40
  e depressão 126
  e memória 44
amizades, próximas 102-103, 117, 184
ancestrais 17-22, 19, 158
  causas de morte 19, 149-150
  e ataques de pânico 38
  e depressão 61, 64-65, 140-141
  e felicidade 175-176
  e infecção 66-68, 71
  e inflamação 77
  e percepção de ameaças 136
  e preguiça 141-142
  e satisfação 31
  e sentimentos 30
  vivendo em grupo 95-96, 116-117
ansiedade 13, 32, 33-57, 161, 171, 180
  antecipatória 35
  como "estresse preventivo" 34, 132
  como reação normal 33, 48, 57, 169, 180-181, 183

constante, mínima 33
e atividade física 49, 122-123, 132-133, 139, 145-146, 184
e comparação social 115-116
e depressão 60, 62
e genética 39, 55, 61, 166
e o cérebro 15, 39, 47, 49-54, 56, 88
e o corpo 145-146, 147
e o eixo HPA 132-135
e redes sociais 115-116
e serotonina 113
e sobrevivência 23
e solidão 102, 118
e trauma infantil 54-55
e vergonha 23
gatilhos 34
grave 47-48, 140
prevalência 14
prevenção 158-159
recuperação de 158
tratamento 48-49, 56-57
visão biológica de 49, 51-52, 56-57
anticorpos 72
antidepressivos 60, 62, 154
e ansiedade 49
e bloqueadores de citocinas 82
e eixo HPA 124-125
e níveis de serotonina 110-113
eficácia clínica 136
natureza amplamente utilizada de 14
anti-inflamatórios, naturais 126
antropólogos 151, 159
apetite 60, 113
arritmia 92
assassinato 18, 21
ataque cardíaco 77, 92, 141, 140, 157, 165
ataques de pânico 34-35, 47, 133-134
atenção 28
atividade física 121-122, 181
cardiovascular 129-130, 133, 137
e ansiedade 49, 122-123, 132-133, 139, 145-146, 184
e faculdades mentais 142-144
e o cérebro 128, 139-140, 143-144
e o eixo HPA 125, 132-133
e riscos para a saúde 131-132
efeito antidepressivo 121-122, 125-126, 139, 159-160, 184
níveis de 131-132, 137, 144-145
Auschwitz 177

Austrália 155
autismo 156
autocompaixão 57
autoconfiança 138-139
autoeficácia 136, 139
autoestima 75, 139

bactérias 63, 70-71, 76-77, 82, 83
Barrett, Lisa Feldman 146, 171
bem-estar 88, 157-158, 175, 181
   e endorfinas 104
   e sociabilidade 103, 118
   mudando padrões de 155
   natureza transitória 31-32, 173-174
Bergman, Ingmar 53
Biden, Joe 66
biologia 181
   ver também biologia evolutiva
biologia evolutiva 17-18, 23, 59, 68, 149, 161, 183
   e ansiedade 134
   e ataques de pânico 36-37
   e atividade física 134, 139-140, 144
   e comer demais 139-140
   e depressão 80
   e doenças infecciosas 68
   e fobias 40-41
   e inflamação 77
   e preguiça 141-142
   "hackear" 142-143
   ritmo de mudança 163-164
Bolívia 160
bosquímanos 151
bullying 43, 47
busca por ajuda 48-49, 184

caça 143
caçadores-coletores 19, 20, 21
   e atividade física 131, 142-143
   e depressão 61, 68-69, 80, 151-152, 159-160
   e doenças infecciosas 68-69
   e felicidade 176
   e preguiça 142
   e viver em grupo 116-117
   faculdades mentais dos 143
   saúde dos, contemporâneos 160
campos de concentração 177
camundongos 73

Canadá 152-153
câncer 64, 92, 157
  de mama 92
cantando 107
cenários futuros 53-54
cérebro 13, 15, 179-180, 181
  capacidade de mudança 49
  conhecimento sobre o 169
  e ansiedade 15, 39, 47, 49-54, 56, 88
  e ataques de pânico 37, 38-39, 47, 134
  e comer demais 140
  e contar histórias 169
  e depressão 15, 60, 63, 72, 76, 80, 82-87, 88, 126, 166-167
  e diferença individual 28-29
  e estresse 63, 134-135
  e exercício físico 128, 139-140, 143-144
  e hierarquias sociais 116
  e inflamação 78, 80
  e liberação de endorfina 104-105
  e memória 13, 32, 43-44, 180
  e o eixo HPA 124
  e o sistema imunológico 73-74, 82, 147
  e percepção de ameaça 26
  e preguiça 140
  e processamento de informações 27-28
  e sentimentos 27-31, 128, 183
  e serotonina 110-111, 113, 180
  e sobrevivência 20, 27, 39, 45, 49, 88, 139-140, 169, 180
  e solidão 89, 92, 95-101, 115, 118
  e tomada de decisão 29-30
  e trauma 43, 44-45
  e trauma infantil 55
  função de controle 93
  "hackear" 51
  "normal" 29
  pesquisa 167-168
  tendências a prever 172-173
Chile 139
chimpanzés 104, 112
Cícero 53
círculos viciosos 36, 96, 133
citocinas 73-74, 77, 80-81
Clinton, Bill 61
Coca-Cola 174
comer demais 140-141
comida, estragada 72
comparação social 110-111, 172-173, 184

comportamento e sentimentos 27, 31, 183
comportamentos de "asseio" 104-108
comportamentos de esquiva 42, 48
concentração 68, 97, 143
conexão cérebro-corpo 146-147, 180-181
conhecimento 169
consumo de álcool 118, 123, 128-129
contar histórias 169
controle, perda de 42
corpo
    e depressão 145, 147
    e dor emocional 118
    e o eixo HPA 124
    e sentimentos 183
    e solidão 89, 92, 95
    evolução 20
    ver também conexão corpo-cérebro
córtex visual 26
cortisol 79, 124-125
crescimento populacional 155
crianças e jovens 53-57, 108-109, 115-116, 131-132, 137-138, 155-156
criatividade 143
Curie, Marie 18

Dalí, Salvador 55
Damásio, Antônio 25
dançando 107
dependência 167
dependência
    alcoólica145-146, 165-166
depressão 59-88, 161, 171, 180
    carga da doença 14
    como reação "normal" 169, 180-181, 183
    e atividade física 121-122, 125-126, 136-137, 139, 159-160, 184
    e comparação social 113, 115
    e decisões de mudança de vida 83-88
    e dopamina 126
    e estresse 124
    e genética 60-61, 76, 82, 129, 130, 163, 165-166
    e inflamação 78-79, 83, 126
    e noradrenalina 126
    e nossos ancestrais 61, 64-65, 140-141
    e o cérebro 15, 60, 63, 72, 76, 80, 82-83, 88, 126, 166-167
    e o corpo 145, 147
    e o eixo HPA 124-125
    e obesidade 80
    e serotonina 113, 126, 163

e sociedade moderna 152-153

e solidão 90-95, 102, 118, 159

e vergonha 23

gatilhos 60, 63, 78-79

grave 140

perspectiva fisiológica sobre a prevalência de 82-83, 59, 62, 155-156

prevenção 158-159

recuperação de 158

sinais e sintomas de 59

depressão maníaco-depressiva 140

   ver também transtorno bipolar

desenvolvimento econômico 157-158

diabetes 77, 82, 139-140, 160

Dickens, Charles 149

Din hjärna (programa de TV) 138

Dobzhansky, Theodosius 59

doença cardíaca 92-93

doença cardiovascular 64, 92-93, 96, 139, 164-165

doença de Alzheimer 77

doença de Parkinson 77

doenças infecciosas 21-22, 64-65, 149-150, 157

dopamina 60, 126, 163, 166

dor, emocional 118

Dunbar, Robin 104-108

efeito placebo 129

efeitos da idade 123

Eisenhower, Dwight 66

eixo HPA 124-125, 132-133, 134-135

em grupo, convivendo 42, 95-97, 104-108, 116-117, 176-177

emoções 26, 44, 56, 118, 146, 181

   ver também sentimentos

endorfinas 104-105

energia 30, 37, 60, 69, 72, 79-80, 85, 124, 126, 134, 140-141, 152

enteramina 113-114

Epicuro 53

Erspamer, Vittorio 113

Escola Jättestenskolan 137-138

espírito 146

esquizofrenia 61, 140

estado de alerta 18, 96, 133

Estados Unidos 152-153, 155, 157

estilos de vida nômades 21

estilos de vida sedentários 78, 80, 144-145, 184

estresse 132

   adolescente 110

   crônico (longo prazo) 60, 78-79, 82, 96, 110, 124, 184

e depressão 60-69, 72, 80-81
e infecção 69, 70-71, 72
e inflamação 78, 79-80
e o eixo HPA 132-133
e sistema imunológico 69-70
e solidão 96
no trabalho 82
psicossocial 63, 134-135
tempo de recuperação 80
Europa 157
excesso de peso 140-141, 160
exclusão social 40-41, 98, 115
expectativa de vida 19, 21, 157
expectativas 174-175

Facebook 115-116
falar em público, medo de 40-41, 48
fator neurotrófico derivado de cérebro (BDNF) 126
febre 76
felicidade 31-32, 171-176, 184
ferida 69, 70-71, 72, 78
feridas, infectadas 69, 73, 76, 78
flashbacks 42-43, 133
fobias 40-41, 133, 161
fobias sociais 133, 161
fome 98-99, 139-141
força da mão 121
Ford, Henry 163
Forsberg, Jonas 137-138
França 155
Frankl, Viktor 177
frequência cardíaca 133-134
Freud, Sigmund 54-55

Gandhi, Mahatma 18
genes 30-31, 164-165, 184
    e ansiedade 39, 55, 61, 166
    e depressão 60-61, 76, 82, 129, 130, 163, 165-166
    e doenças infecciosas 65
    e esquizofrenia 140
    e transtorno bipolar 140
    "ruins" 164
genoma, humano 61
glândula pituitária 104, 124
glândulas adrenais 124
gordura corporal 38, 78, 80
gorilas 104

Gripe Espanhola 64
Guerra do Vietnã 43

Hardy, Tom 107
Harrison, William 66
hepatite C 74
hierarquias sociais 112-113
hipervigilância 43
hipocampo 44, 125-126
hipotálamo 124
hipótese de ruminação analítica 87
Hitchcock, Alfred 55
homicídio 128
Homo sapiens 68
hormônios do estresse 79, 124-125

imagem corporal 115-116
inatividade física 40, 78, 80, 109, 144-145, 184
Indonésia 151
indústria publicitária 174-175
infecções 63-64, 68-69, 76, 157
inflamação 73-82
   crônica (longo prazo) 77-78, 126
   e depressão 78-79, 83, 126
   e sentimentos 82
   e tensão 96
   gatilhos 77-78
   redução 82
informação sensorial 26-28, 126, 147
inibidores seletivos da recaptação da serotonina (ISRS) 110-111, 113
Insel, Thomas 161
insignificância 59-60
insônia 62, 109
Instagram 115-116
instinto do destino 163-164
Instituto Nacional de Saúde Mental 161
ínsula 27, 28-29, 126
inteligência, automatizada 27-31, 70
interleucina-6, 70
intestinos 113
Islândia 154
isolamento social 98-99

Japão 155, 157
Jefferson, Thomas 66
junk food 78, 92, 159

Kalahari Bushmen 151
Kennedy, John F. 102
Kubrick, Stanley 55

Lekander, Lotta 137-138
liderança 112-113
Lieberman, Daniel 121
Lincoln, Abraham 66
lobo frontal 50-51, 125
lobo occipital 26
lobo temporal 26, 27
loops de feedback 124

Manual Diagnóstico e Estatístico de Transtornos Mentais (DSM) 152
mecanismos de defesa 53-57, 68, 76-79, 88, 141, 161, 183
medo 40-41
memória 13, 43-44
   alteração da, pelo cérebro 32, 46-47, 180, 183
   "boa" 47
   e atividade física 142-143
   e sobrevivência 43-44
   e sono 44
   reprimidas 54-55
   traumática 42-47
metanálise 123, 133
metabolismo, estudos basais de 141
mortalidade infantil 17, 21, 64-67, 71, 140-141
morte 19, 25-26, 64, 144
motivação 31
mundo digital 103, 108, 109-110
mundo externo 25-27, 126, 147
mundo interno 27, 54, 56, 126, 147

nervo óptico 26, 27-28
Nesse, Randolph 36-37
neurobiologia 15
"neurose de guerra" 43
neuroticismo 29, 54, 116
neurotransmissores 14, 60, 166
Nietzsche, Friedrich 177
Nigéria 152-153
noradrenalina 60, 126
núcleo da Rafe 110-111

O mágico de Oz (1939) 56
obesidade 78-79, 140-141, 150, 160
olho 26, 27-28

Organização Mundial de Saúde (OMS) 14, 59, 132, 144, 155
Organização para a Cooperação e Desenvolvimento Econômico (OCDE) 117
"os mais fortes sobrevivem" 18-19, 23

Page, Irvine 113-114
pandemia da covid-19 64, 69, 101-102, 103, 107-108, 144, 172
Papua-Nova Guiné 151
patógenos 76
pedômetros 130, 131, 132
percepção de ameaça 18, 26, 34, 37-38, 44, 51-52, 80, 95-96, 98, 101, 132, 134-135, 180
pertencimento, senso de 42, 98, 108, 116
pesadelos 42-43
Pierce, Franklin 66
plasticidade (do cérebro) 47, 167
Platão 146
pneumonia 64, 82, 184
populações urbanas 152-153
Portugal 154
povo hadza 151
povo kaluli, 151
povo torajan 151
preguiça 140-141, 144, 184
pressão arterial
    alta 96, 113-114, 140, 160
previsão 53-54
problemas de saúde mental 53, 158-159, 161-162
    aumento de 14
    e meninas adolescentes 110
    e nosso cérebro 15
    evolução de 23
    indo além dos diagnósticos 169-170
    procurando ajuda para 184
processamento de informações 26, 27-28
proteína C reativa (PCR) 75
psique 54, 98

Raison, Charles 69
Randomização mendeliana 129-130
receptores (toque) 103-104
redes sociais 108, 110, 113, 115-116, 184
Reino Unido 154
repressão 54-55
reprodução 19-20, 30
resposta de luta ou fuga 36, 50-51, 93-94
ressonância magnética por imagem (RMI) 100
resultados da saúde 121

retração social 39, 72, 78, 80, 82, 87-88, 90, 112, 171, 180
Revolução Industrial 22
riscos à saúde 131-132
riso 105
Rosling, Hans 164

Sagan, Carl 17
sarampo 68
satisfação com a vida 31, 115, 139, 171, 175
Schieffelin, Edward 151, 159
Sêneca 53
sentimentos 126
  de calma 136
  e atividade física 126-127, 136
  e comportamento 183
  e infecções 72
  e inflamação 82
  e tomada de decisão 29-30
  evolução 43
  razões pelas quais temos 23, 25-32
  regulamento 53
  ver também emoções
serotonina 110-111, 180
  e ansiedade 166
  e atividade física 126
  e depressão 60, 110, 163-164
  e hierarquias sociais 112-113
significado 176-177
sistema de estresse 37-38
sistema imunológico 18
  comportamental 72
  demanda de energia 69, 126
  e a complexidade do cérebro 73-74, 82, 147, 179-180
  e atividade física 126
  e depressão 63-64, 75-79
  e doenças infecciosas 71
  e estresse 69-70
  e gordura corporal 80
  hiperativos 126
  mapeamento dos 72
  "sequestro" 76-77
sistema nervoso 50, 93-94
  autônomo 50, 93-94, 98
  parassimpático 50, 93-94
  simpático 50, 93, 96, 98
sobrevivência 30-31, 183
  e ansiedade 39

ÍNDICE REMISSIVO

e ataques de pânico 37-38
e memória 43-44
e nossa percepção do mundo 32
e o cérebro 20, 27, 39, 45, 49, 88, 139-140, 169, 180
e sentimentos 43-44
e solidão 97-98
e vivendo em grupo 95-96, 176-177
instinto para 25-26
sociabilidade 102-7, 107-108, 159-160
sociedade agrária 19, 21-22, 68
sociedade industrial 19
sociedade moderna 152-153
Söderberg, Hjalmar 89
solidão 88, 89-118, 159, 177, 181, 184
combatendo a 101-102
e a resposta de luta ou fuga 93-94
e depressão 60, 62, 82, 90-91, 102, 118, 159
e idade 108-109
e inflamação 78, 82
e memória 44
e morte 92-93
epidemia de 116-117
prevalência 89
sono 109, 184
subconsciente 54
substância negra 100
Suécia 14, 42, 131, 154, 157
suicídio 62-63, 116, 162
Suzman, James 151, 159

tabagismo 40, 78, 92, 123, 140, 159
Tanzânia 151
Taylor, Zachary 66
técnicas de respiração 50-51
telefones celulares 109-110
temperatura corporal elevada 76
terapia 49-50, 53, 56, 62, 136
Terapia Cognitivo-Comportamental (TCC) 49, 53, 56, 136
terapia psicodinâmica 56
Teste de Estresse Social de Trier 70
testes de aptidão 121
testes genéticos 129, 164-165
tomada de decisão 29-30, 83-88
Tomografia porEmissão de Pósitrons (PET) 105
toque, sensação do 103-104, 108
toxinas ambientais 14, 159
traços psicológicos 18

transtorno bipolar 61, 140
Transtorno de Ansiedade Generalizada (TAG) 166
Transtorno de Déficit de Atenção e Hiperatividade (TDAH), 156
Transtorno de Estresse Pós-Traumático (TEPT) 40, 43, 44-45, 133, 145-146
trauma 42-45, 53-57
tribo tsimané 160
tuberculose 64, 66, 68
Twain, Mark 33
Twarog, Betty Mack 113

vacinas contra a febre tifoide 75
Vaillant, George 102
varíola 64, 68
velhice 21, 164
veteranos 43
vida rural 152-153
vírus 63-65, 70-71, 76-77, 82, 83
visão 26, 27-28

Waldinger, Roger 103

1ª edição	JULHO DE 2024
impressão	CROMOSETE
papel de miolo	LUX CREAM 60 G/M²
papel de capa	CARTÃO SUPREMO ALTA ALVURA 250 G/M²
tipografia	ITC GALLIARD PRO